LÍNGUAS INDÍGENAS
E GRAMÁTICA UNIVERSAL

Conselho Acadêmico
Ataliba Teixeira de Castilho
Carlos Eduardo Lins da Silva
Carlos Fico
Jaime Cordeiro
José Luiz Fiorin
Tania Regina de Luca

Proibida a reprodução total ou parcial em qualquer mídia
sem a autorização escrita da editora.
Os infratores estão sujeitos às penas da lei.

A Editora não é responsável pelo conteúdo deste livro.
Os Autores conhecem os fatos narrados, pelos quais são responsáveis,
assim como se responsabilizam pelos juízos emitidos.

Consulte nosso catálogo completo e últimos lançamentos em **www.editoracontexto.com.br**.

LÍNGUAS INDÍGENAS
E GRAMÁTICA UNIVERSAL

Marcus Maia
Bruna Franchetto
Miriam Lemle
Márcia Damaso Vieira

Copyright © 2019 Marcus Maia

Todos os direitos desta edição reservados à
Editora Contexto (Editora Pinsky Ltda.)

Diagramação
Patrícia Mabel Kelly Ramos

Revisão e ilustrações de miolo
Dos autores

Dados Internacionais de Catalogação na Publicação (CIP)

Línguas indígenas e gramática universal / Bruna Franchetto...
[et al]. – São Paulo : Contexto, 2025.
208 p.

Bibliografia
ISBN: 978-85-520-0164-5

1. Linguística 2. Línguas indígenas – Brasil – Sintaxe
2. Línguas indígenas – Brasil – Gramática comparativa e geral
I. Franchetto, Bruna

19-1583	CDD 410

Angélica Ilacqua CRB-8/7057

Índices para catálogo sistemático:
1. Linguística

2025

Editora Contexto
Diretor editorial: *Jaime Pinsky*

Rua Dr. José Elias, 520 – Alto da Lapa
05083-030 – São Paulo – sp
pabx: (11) 3832 5838
contato@editoracontexto.com.br
www.editoracontexto.com.br

SUMÁRIO

PREFÁCIO 7

APRESENTAÇÃO 9

1. A GRAMÁTICA UNIVERSAL 36
   1.1. Recursividade 36
   1.2. Ordem de constituintes 43
   1.3. A periferia esquerda da oração 46
   1.4. A sintaxe das palavras 50

2. A RECURSIVIDADE 55
   2.1. Guarani Mbyá e Tupinambá 56
       2.1.1. Recursividade no sintagma possessivo 56
       2.1.2. Recursividade no nível oracional 58
   2.2. Kuikuro 61
       2.2.1. Recursividade oracional 61
       2.2.2. Recursividade do sintagma nominal possessivo 63
   2.3. Karajá 66
       2.3.1. Recursividade em sintagmas posposicionais locativos 66
       2.3.2. Recursividade no encaixe de orações relativas através da
              prosódia 67
   2.4. Recursividade em Paumari 70
       2.4.1. A recursividade no domínio da posse 72
   2.5. Conclusões 73
   2.6. Exercícios 74

3. ORDEM DE CONSTITUINTES 77
   3.1. Guaraní Mbyá e Tupinambá 77
       3.1.1. Os sintagmas lexicais 78
       3.1.2. Os sintagmas funcionais 82
   3.2. Kuikuro 85
       3.2.1. Os sintagmas lexicais 85
       3.2.2. Os sintagmas funcionais 89
   3.3. Karajá 92
       3.3.1. Os sintagmas lexicais 92
       3.3.2. Categorias funcionais 95
   3.4. Paumari 99
       3.4.1. Os sintagmas lexicais 99
       3.4.2. Os sintagmas funcionais 104
   3.5. Considerações finais 106
   3.6. Exercícios 107

4. A PERIFERIA ESQUERDA DA ORAÇÃO 110
   4.1. Guaraní Mbyá e Tupinambá 112
       4.1.1. Interrogativas sim/não 112

4.1.2. Interrogativas QU- 114
4.1.3. O tópico 117
4.1.4. O foco 118
4.2. Kuikuro 120
4.2.1. Construções interrogativas 120
4.2.2. Construções de foco 125
4.2.3. Construções de tópico 127
4.3. Karajá 129
4.3.1. As palavras -BO em Karajá 129
4.3.2. Construções de tópico e foco em Karajá 136
4.4. Paumarí 139
4.4.1. Construções interrogativas 139
4.4.2. As construções de foco 141
4.4.3. As construções de tópico 141
4.4.4. A constituição da periferia esquerda da oração 142
4.5. Considerações finais 144
4.6. Exercícios 145

5. A SINTAXE DAS PALAVRAS 150
5.1. A formação de palavras em Guaraní Mbyá e Tupinambá 150
5.1.1. Derivando nomes, verbos e adjetivos 150
5.1.2. A recategorização das palavras (mudança de classe lexical) ... 152
5.1.2.1. A nominalização de verbos e adjetivos 153
5.1.2.2. A verbalização de nomes 158
5.1.3. Mudança de valência 160
5.1.3.1. O morfema causativo 160
5.1.3.2. O morfema aplicativo 162
5.1.3.3. O morfema reflexivo 164
5.1.4. Conclusões 164
5.2. A sintaxe da palavra em Kuikuro 165
5.3. A estrutura morfológica do verbo em Karajá 179
5.4. A formação das palavras em Paumarí 185
5.4.1. Derivando nomes, verbos e adjetivos 185
5.4.2. A nominalização de verbos e adjetivos 186
5.4.3. A verbalização de nomes 188
5.4.4. Mudança de valência 189
5.4.4.1. O morfema causativo 189
5.4.4.2. Os morfemas aplicativos 190
5.4.5. Conclusões 191
5.5. Considerações finais 192
5.6. Exercícios 192

REFERÊNCIAS 196

BIODATAS DOS AUTORES 203

PREFÁCIO

Muitas vezes, quando utilizamos a expressão 'gramática universal', a palavra 'universal' não deve ser interpretada literalmente. Existem alguns universais linguísticos que são, na verdade, tendências estatísticas encontradas através de estudos comparativos de centenas de línguas. Há, porém, alguns elementos e operações que são, de fato, universais no sentido estrito de se fazerem presentes em todas as línguas humanas: por exemplo, a estrutura de qualquer sistema de comunicação utilizado dentro de uma comunidade de fala se baseia nos mesmos tipos de elementos (por exemplo, nomes, verbos, sílabas acentuadas ou tonais, distinções temporais, expressão de negação, imperativas, e interrogativas). Além disso, em todas as línguas, essas estruturas estão envolvidas nos mesmos tipos de operações. A partir de um pequeno número de regras de combinação, as línguas derivam estruturas maiores de estruturas menores, produzindo assim, uma ampla variedade de significados e de sequências de sons. Isso funciona, justamente, porque as regras de combinação linguística têm certas propriedades. Elas devem ser recursivas (o que significa que o resultado de uma dessas operações pode servir como entrada para o mesmo tipo de operação) e devem ter um núcleo (o que significa que quando dois elementos se combinam, eles estão em uma relação assimétrica: apenas um deles determina as propriedades gerais da combinação; ou seja o 'todo' formado é necessariamente 'do mesmo tipo' (i.e. nominal, verbal) de exatamente uma das partes que o compõem).

A Gramática Gerativa é o estudo das estruturas e operações que produzem a diversidade fonológica, morfológica e sintática que as línguas humanas apresentam. Historicamente, esta linha de pesquisa concentrou-se mais em línguas bem conhecidas, de origem europeia. Entretanto, é igualmente – ou ainda mais – importante confrontar as teorias da Gramática Gerativa com línguas menos conhecidas, pois elas podem fornecer informações preciosas acerca do que é mais amplamente (im)possível, guiando-nos a modificar essas teorias, e com isso, modificar também a nossa compreensão do que é uma língua humana possível.

Este livro é importante por diversos motivos: cientificamente, coloca as línguas indígenas do Brasil e a Teoria da Gramática Universal frente a frente, em diálogo. Desta forma, o livro se organiza em termos de fenômenos linguísticos teoricamente relevantes. Além disso, demonstra o valor dessas línguas para a Ciência Cognitiva, o que é ainda mais relevante, uma vez que o Brasil, apesar de ser uma nação multilíngue em termos demográficos, nem sempre adotou decisões de política pública que reconheçam e incentivem o multilinguismo. Esperamos que o cuidadoso trabalho dos autores de descrever os detalhes das gramáticas das línguas aqui retratadas possa colocá-las no mapa para os estudantes de Linguística no Brasil, que estarão envolvidos na formulação de futuras políticas públicas, consultorias educacionais e teorias linguísticas.

Andrew Ira Nevins

(UFRJ /University College London)

APRESENTAÇÃO

Este livro

O leitor poderá apreciar, neste livro, aspectos da gramática de cinco línguas indígenas faladas no Brasil, analisados à luz de postulados da Gramática Universal. Conheceremos um pouco das línguas Mbyá e Tupinambá, ambas pertencentes à família Mawetí-Guaraní, tronco Tupi, sendo o Tupinambá uma língua extinta; Kuikuro, da família Karib; Karajá, da família Karajá, tronco Macro-Jê; Paumari, da família Arawá.

Os autores enfrentaram um desafio duplo, pois tanto a Gramática Universal, quanto as línguas indígenas são amplamente desconhecidas do grande público.

A Gramática Universal é um programa de pesquisa proposto pelo linguista Noam Chomsky na metade do século XX, em um contexto da história da ciência que costuma ser chamado de 'revolução cognitivista'. Em um momento em que predominavam as descrições das estruturas gramaticais das línguas particulares, Chomsky propõe um programa universalista, que toma como ponto de partida o pressuposto de que todas as línguas são produtos da mesma faculdade humana da linguagem e, portanto, organizam-se segundo princípios universais comuns. Não haveria, portanto, línguas "exóticas", "primitivas", pois todas as cerca de seis a sete mil línguas ainda hoje faladas no mundo partem dos mesmos princípios universais.

Esse quadro teórico parece muito pertinente e adequado para pensar as línguas indígenas, muitas vezes objeto de percepções equivocadas ou mesmo preconceituosas, sendo frequentemente consideradas "dialetos" ou mesmo "gírias", faladas por povos atrasados que deveriam ser integrados à dita "civilização". Nada mais longe da verdade. Vistas da perspectiva da Gramática Universal, as cerca de 150 línguas indígenas remanescentes no Brasil, são todas bem formadas, lógicas e governadas pelos mesmos princípios que regem qualquer outra língua humana.

No primeiro capítulo, os principais postulados da Gramática Universal são apresentados. No segundo capítulo, a propriedade básica da Gramática Universal – a recursividade - é analisada em construções gramaticais das cinco línguas indígenas estudadas no livro. No terceiro capítulo, apresentam-se análises de construções dessas línguas, tendo como referência o Princípio do Núcleo, que admite os parâmetros do núcleo inicial e do núcleo final. O quarto capítulo focaliza, nas cinco línguas, a camada mais alta da oração na Gramática Universal, em que se codificam construções interrogativas, de tópico e de foco, relacionadas ao perfil informacional da frase. Finalmente, no capítulo cinco, estudam-se as construções sintáticas dentro das palavras, a morfologia, sempre demonstrando que a arquitetura da gramática universal fornece o quadro de referência apropriado para explorar essas construções.

Os autores esperam que o livro possa, portanto, vir a contribuir para fazer avançar o conhecimento do grande público leitor sobre a gramática universal e sobre as línguas indígenas.

Brasil, país multilíngue

O Brasil é um país de muitas línguas, uma realidade muitas vezes negada ou silenciada, com estratégias variadas, pelo estado, por missões, pelos meios de comunicação, nas escolas, nas universidades. Além de 150 línguas indígenas, há pelo menos duas dezenas de línguas trazidas por imigrantes, incluindo aqui o português, desde a conquista em 1500, além das variedades locais e regionais do português brasileiro, além das línguas trazidas da África e dos falares quilombolas. A hegemonia de uma única língua, o português, que é a língua dos conquistadores que formaram a 'nação', é mantida à força ou disfarçadamente. Todas as línguas dos povos originários são, de alguma maneira e em graus variados, ameaçadas.

O Brasil não é uma exceção. No mundo inteiro, as línguas dos povos nativos são minoritárias dentro de sociedades que as engolem e onde algumas poucas são majoritárias. Das mais de 6.000 línguas no mundo, somente 20 são faladas por metade da população, enquanto metade das línguas é falada cada uma por menos de dez mil pessoas, o que as torna ameaçadas de desaparecimento.

A América do Sul possui uma grande riqueza linguística nativa, representada por centenas de línguas, a maioria das quais, mais de 300, é falada na região amazônica. Essa riqueza é dada também pela diversidade genética dessas línguas, classificadas, hoje, em aproximadamente 100 famílias, o que representa um quarto da diversidade linguística total do mundo.

No Brasil, os linguistas estimam que ainda sobrevivem, em graus variados de vitalidade, em torno de 150 línguas indígenas. Graças e elas, quase a metade da diversidade sul-americana encontra-se no Brasil, com 30 famílias linguísticas, além de várias línguas isoladas. A descoberta de dez línguas isoladas apenas na região do Guaporé-Mamoré, que cobre as terras baixas amazônicas do norte da Bolívia e do sudoeste da Amazônia brasileira, é surpreendente. O gráfico a seguir permite visualizar as línguas indígenas em território brasileiro com sua complexa distribuição em troncos e famílias.

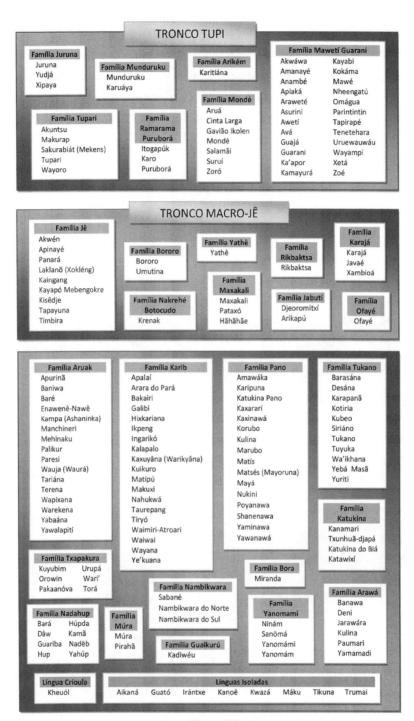

(arte Chang Whan)

O que significam os termos "tronco, família, língua isolada"? Todas as línguas mudam no tempo e há sempre diversificação de uma língua em variedades dialetais, que podem vir a se tornar línguas distintas. Migrações, afastamentos ou aproximações entre povos, no tempo ou no espaço, geram novas variedades e novas línguas, ou podem apagar variedades e línguas existentes. As línguas que se originaram de uma única língua "ancestral" ou língua-mãe pertencem a uma mesma família. As línguas de uma mesma família mostram elementos vocabulares ou gramaticais semelhantes pelo fato de terem evoluído de uma mesma origem ancestral. Famílias diferentes podem, por sua vez, ter se originado de uma única língua, ainda mais antiga, e, assim, serem consideradas como pertencentes a um mesmo tronco linguístico. É a linguística histórico-comparativa que estuda as mudanças e os parentescos linguísticos.

Por outro lado, há línguas isoladas que não podem ser classificadas em nenhuma família conhecida. É possível que tais línguas sejam as únicas sobreviventes de famílias cujos outros membros desapareceram. Uma outra explicação seria que tenham se separado de alguma família conhecida há tantos milênios que a sua filiação não é mais perceptível.

O Brasil deveria orgulhar-se dessa riqueza, um patrimônio universal, incentivando a sua proteção, no respeito integral do direito de cada povo de usar e transmitir, de uma geração a outra, a sua língua originária. Apesar do avanço de estudos e pesquisas nas últimas décadas e do desenvolvimento da documentação linguística em projetos participativos, realizada em algumas instituições públicas brasileiras, muito resta a fazer. É um esforço contínuo para garantir recursos e para estimular o interesse de jovens pesquisadores, hoje ainda em número extremamente reduzido. As línguas indígenas estão presentes precariamente em parte das escolas nas aldeias, e delas pouco ou nada se fala nas escolas rurais, das cidades e mesmo nas universidades. Sua ausência nas mídias oficiais é total. Elas, contudo, sobrevivem, apesar das pressões sociais e políticas que as empurram para seu enfraquecimento e desaparecimento. Se políticas oficiais para a sua salvaguarda são ainda insuficientes, uma forte esperança vem dos próprios povos indígenas, crescentemente mobilizados em torno da reivindicação de seus direitos linguísticos e da revitalização ou

14 Apresentação

retomada de línguas tidas como extintas ou perdidas. Este livro quer contribuir para esse movimento de conscientização e para esse caminho de conhecimento.

Apresentação dos exemplos em língua indígena

Neste livro, a apresentação dos exemplos segue o padrão usado, hoje, em publicações internacionais. Cada exemplo contém três linhas. A primeira consiste na transcrição ortográfica da frase ou enunciado, já que todas as línguas em estudo possuem uma forma escrita de natureza alfabética. O leitor poderá encontrar uma explicação das convenções ortográficas no perfil de cada língua, que se segue a esta apresentação. Na primeira linha, as palavras aparecem segmentadas de modo a visualizarem-se os morfemas que as constituem. A segunda linha contém as glosas que indicam o significado de cada morfema, seja ele lexical ou gramatical; o leitor encontrará a lista das glosas usadas neste livro após esta apresentação. A terceira linha oferece uma tradução para o português, com indicação, quando necessário, de uma tradução mais literal.

As línguas indígenas neste livro

Guarani-Mbyá: o povo e a língua

O Guaraní, pertencente à família Tupi-Guarani, é subdividido em quatro dialetos: *Avanhe'ẽ, Nhandeva, Kaiwá* e *Mbyá*. O *Avanhe'ẽ* é falado no Paraguai e é língua oficial deste país, ao lado do espanhol. O Mbyá, dialeto escolhido para o nosso estudo, é falado no Paraguai, Argentina, Uruguai e Brasil. No território brasileiro, o sub-grupo Mbyá, com mais de 5.000 falantes, é encontrado no interior e no litoral dos estados de Rio Grande do Sul, Santa Catarina, Paraná, São Paulo, Rio de Janeiro, Espírito Santo, Pará e Tocantins. Os Mbyá conservam a sua língua materna, transmitindo-a de geração a geração. Em geral, as crianças até a idade escolar são monolíngues na língua Mbyá. Os Guarani vivem do cultivo sobretudo de milho, mandioca e batata. Comercializam os seus artesanatos, como cestos, esculturas de animais feitas de madeira e adornos confeccionados com miçangas e penas, como colares, brincos, pulseiras e cocares.

Robert Dooley, linguista e missionário do *Summer Institute of Linguistics*, foi quem mais produziu estudos sobre o Mbyá, incluindo dicionários.

(i)   Fonologia e ortografia

As informações sobre os sons do Mbyá, apresentadas a seguir, foram extraídas de Thomas (2014), Dooley (2013) e Ivo (2014). Não há consenso entre os linguistas a respeito do sistema fonológico. Para Thomas e Ivo, as consoantes pré-nasalizadas são fonemas. Já para Dooley, as pré-nasalizadas são alofones das nasais correspondentes: /m/, /n/e /ŋ/. Optamos pela análise em que todos esses segmentos consonantais são fonemas.

Os grafemas relacionados aos sons fonêmicos que se assemelham aos do português são: ***p, t, k, m, n, nh, r***. O som **r** é igual ao **r** de 'puro'. Listamos a seguir os fonemas consonantais que não se encontram em português e seus respectivos grafemas:

Consoantes velares labializadas

Fonemas	Grafemas	Exemplos
/kʷ/	ku	*oikuaa* 'saber'
/gʷ/	gu	*guyra* 'pássaro'
/ŋgʷ/	gu	*kunhague* 'mulheres'

Consoantes africadas

Fonemas	Grafemas	Exemplos
/tʃ/	x	*xivi* 'onça'
/dʒ/	j	*jagua* 'cachorro'

Os sons acima são pronunciados como as consoantes /t/ e /d/ diante de /i/ no dialeto carioca, como em 'tia' [tʃia] e 'dia' [dʒia].

Consoantes pré-nasalizadas

Fonemas	Grafemas	Exemplos
/ᵐb/	mb	*mbojape* 'pão'
/ⁿd/	nd	*ndee* 'você'
/ᵑg/	ng	*nguu* 'pai dele'

Consoantes glotais

Fonemas	Grafemas	Exemplos
/ʔ/	'	-me′ẽ 'dar'
/h/	h	heta 'muitos'

A consoante glotal /ʔ/ é produzida pelo estreitamento da glote, como no som de "ô-ôu!" (uh-oh!). /h/ é pronunciado como na palavra do inglês hot.

Consoantes fricativas

Fonema	Grafema	Exemplo
β	v	ava 'homem'

O fonema /β/ é pronunciado como [v] antes das vogais /e/ e /i/, mas como [w] antes das vogais /a/, /o/ e /u/.

Quanto ao inventário de fonemas vocálicos também há controvérsias. Para muitos, como Dooley (2013), as vogais nasais são alofones das vogais orais. Consideramos aqui, seguindo Thomas (2014), que o Mbyá possui 12 vogais, sendo 6 orais e 6 nasais correspondentes, devido à existência de alguns pares mínimos.

A maioria das vogais e seus grafemas correspondem aos do português: *i, e, a, u, o.* As vogais /e/ e /o/ são abertas, como em [tɛto] e [pɔste]. As vogais nasais são representadas com o sinal gráfico til. A única vogal não presente no sistema vocálico do português é a central alta oral, que tem sua contrapartida nasal:

Vogais centrais altas

Fonema	Grafema	Exemplo
/ɨ/	y	py 'pé'

As estruturas silábicas observadas em Guarani são: V e CV, como em (1):

(1) *o. pẽ*   'porta'
     V. CV

Há um processo fonológico muito atuante na língua que é o da nasalização. Na palavra em (2), a última vogal é nasal fonologicamente. Esse fato leva à nasalização de todas as outras vogais na mesma palavra:

(2)   *õ.mã.nõ*   'morreu'

(ii)   Morfologia e sintaxe

As características morfológicas e sintáticas do Mbyá são muito semelhantes às do Tupinambá. O Mbyá também é uma língua aglutinante. A incorporação nominal é um processo mais restrito nesta língua do que era em Tupinambá. Hoje, apenas nomes referentes a partes do corpo ocorrem incorporados aos verbos. A incorporação verbal é um processo mais produtivo, como mostra o exemplo (3), embora também seja restrito a um grupo pequeno de verbos:

(3)   *n-a-nhe-mo-**ngaru**-ete-**kuaa**-ve-i*
       NEG-1SG REFL-CAUS-alimentar-bem- saber-mais-NEG
       'Eu não sei mais me alimentar bem'

As categorias gramaticais que são expressas como afixos verbais são quase as mesmas verificadas em Tupinambá: concordância de número e pessoa com o sujeito, negação e aspecto. Também há morfemas que indicam tempo (futuro) e modo desiderativo. As categorias gramaticais que se manifestam nos nomes são: posse, tempo, grau e negação.

O Mbyá é uma língua do tipo núcleo final, o que explica a existência de posposições e da ordem Genitivo-Nome. No nível oracional, tanto as ordens SOV quanto SVO são atestadas. Cumpre notar ainda que o sujeito e o objeto podem ser nulos, como acontece em português, conforme ilustra o exemplo (6):

(4)   *kunha o-japo kya*   SVO
       mulher 3-fazer rede
       'A mulher fez rede'

(5)   *kunha   kya o-japo*   SOV
       mulher   rede 3-fazer
       'A mulher fez rede'

(6) *o-japo*   V
     3-fazer
     '(ela) (a) fez'

O Guarani Mbyá é classificado tipologicamente como uma língua do tipo ativo-não ativo, em que o sujeito dos verbos intransitivos ativos (Sa), como 'andar, dançar, fumar', tem a mesma expressão morfológica que o sujeito dos verbos transitivos (A). O sujeito dos verbos intransitivos não-ativos (So), como 'ser/estar bonito, sujo', é marcado pela mesma série pronominal que o objeto direto, como mostram os dados a seguir:

(7)a. *re-nha*   (8)a. *nde-kyra*
     2SG-correr   2SG-gordo
     'Você correu'   'Você está gordo'

(7)b. *re-i-pota*   (8)b. *nde-r-exa*
     2SG-3-querer   2SG- POSS-ver
     'Você o quer'   '(Ele) viu você'

Tupinambá: o povo e a língua

O Tupinambá (ou Tupi Antigo) é uma língua já extinta da família Tupi-Guarani. Entre os séculos XVI e XVII, no período da colonização, foi usada nos contatos entre portugueses e indígenas, em uma vasta extensão da costa do Brasil, desde a região de São Vicente, em São Paulo, até o estado do Maranhão. Os índios Tupinambá também eram conhecidos por seus nomes regionais, como Tamoio, Tupinikim, Kaeté, Potiguara, Tobajára.

Os Tupinambá viviam da caça, da pesca e do cultivo de mandioca, batata doce, banana etc. Boa parte deles foi extinta em conflitos com os conquistadores (portugueses, franceses e holandeses) e em consequência das doenças trazidas da Europa. Por fim, os Tupinambá sobreviveram como mamelucos e convertidos a súditos da nova colônia do império português. Em razão disso, sua língua também sobreviveu e deu origem às chamadas Línguas Gerais, faladas em São Paulo e até hoje na bacia amazônica.

O Tupinambá foi amplamente documentado nos séculos XVI e XVII, inicialmente por franceses, como Jean de Léry, que publicou, em 1578, um diálogo analisado para facilitar a comunicação entre índios e mercadores. A obra mais famosa sobre o Tupinambá - *Arte da grammatica da língua mais usada na costa do Brasil* - foi escrita pelo jesuíta José de Anchieta e publicada em Coimbra em 1595. É também importante a gramática de Luis Figueira - *Arte da Língua Brasílica* - que foi publicada em Lisboa em 1621. Para a realização do estudo aqui apresentado, nos baseamos nos trabalhos de Rodrigues (1953) e de Lemos Barbosa (1951 e 1956). Em *Curso de Tupi Antigo* de 1956, Lemos Barbosa apresenta uma sistematização dos dados registrados nas gramáticas produzidas nos dois séculos. É uma obra que expõe os fatos linguísticos de uma maneira detalhada.

(i) Fonologia e ortografia

As informações sobre a fonologia do Tupinambá foram extraídas dos trabalhos anteriormente citados. Há contradições entre os autores sobre o sistema fonológico, mas apresentamos a seguir aquilo que nos parece consensual.

Os grafemas que correspondem às consoantes, cuja pronúncia se assemelha às do português, são: *p, t, k, g, m, n, nh, s, e r*. A consoante r é pronunciada como na palavra do português 'caro'. Lista-se a seguir as consoantes e os grafemas correspondentes que diferem do português:

Consoante glotal

Fonema	Grafema	Exemplo
/ʔ/	'	-'*ar* 'cair'

Consoantes pré-nasalizadas (sequência de nasal e oclusiva)

Fonemas	Grafemas	Exemplos
/ᵐb/	mb	*mba'e* 'coisa'
/ⁿd/	nd	*nde* 'você'
/ⁿg/	ng	*moranga* 'beleza'

20 Apresentação

Consoantes fricativas

Fonemas	Grafemas	Exemplos
/ʃ/	x	*ixy* 'mãe dele'
/β/	b	*aba* 'índio'

/ʃ/ é o fonema que em português pode ser representado por diferentes grafemas, como **ch** e **x**: chá; Xuxa.

Semi-consoantes

Fonemas	Grafemas	Exemplos
/w/	û	*siûasu* 'veado'
/j~ d͡ʒ/	î	*îagûara* 'onça'

O inventário das vogais inclui 12 vogais, sendo seis orais e seis nasais correspondentes: *i, e, y, a, u, o, ĩ, ẽ, õ*, ũ, ý. O único som que não produzimos em português é a vogal central alta, pronunciada com [u] sem arredondar os lábios:

Vogal central alta

Fonema	Grafema	Exemplo
/ɨ/	y	*ypeka* 'pato'

O padrão silábico do Tupinambá pode ser dos seguintes tipos: V, CV, CVC e VC:

(1) *a.só*   V.CV   (2) *-ʔar*   CVC   (3) *-ok*   VC
     1SG-ir
     'Eu fui'   'cair'   'arrancar'

As palavras podem ter o acento principal na última, penúltima ou antepenúltima sílabas, dependendo dos sufixos com os quais co-ocorrem.

(ii) Morfologia e sintaxe

O Tupinambá é uma língua do tipo incorporante em que a palavra verbal pode ser composta por morfemas gramaticais e lexicais. Esses morfemas lexicais correspondem aos complementos verbais (nomes ou verbos), como ilustra o dado em (4):

(4) *nd' ere-abá-nupã-nupã-epîa'-potar-i-pe*
NEG 2-índio-bater-bater-ver-querer-NEG-INT
'Não queres ver açoitarem o índio? (Lemos Barbosa:149)

As categorias gramaticais que se realizam como afixos verbais são: pessoa e número, negação e aspecto. As categorias gramaticais que se manifestam nos nomes são: posse, tempo, grau e negação. A língua é do tipo núcleo final e por isso, possui posposições e a ordem do sintagma genitivo é Possuidor-Nome. No nível oracional, verifica-se a ocorrência tanto das ordens SOV quanto SVO:

(5) *îagûara sûasu   o-îuká*   SOV
onça veado 3-matar
'A onça matou o veado' (Lemos Barbosa: 135)

(6) *ybytu   o-s-apó-ok ybyrá*   SVO
vento   3-3- raiz-arrancar árvore
'O vento arrancou a raiz da árvore' (Lemos Barbosa: 119)

O Tupinambá é uma língua do tipo ativo-não ativo. Nela, o sujeito dos verbos intransitivos ativos (Sa), como 'correr', 'nadar', 'gritar', é expresso pela mesma série pronominal usada para expressar o sujeito dos verbos transitivos (A). Já o sujeito dos verbos intransitivos não-ativos (So), como 'estar gordo, feliz, cansado', é marcado com a mesma série de prefixos pessoais que marca o objeto direto, conforme ilustram os dados a seguir:

(7a) *a-ker*   (8a) *xe- pirang*
1SG-dormir   1SG-vermelho
'Eu dormi'   'Estou vermelho'

(7b) *a-î-nupã*   (8b) *xe-nupã*
1SG-3-bater   1SG-bater
'Eu bati nele'   'Ele me bateu'

22 Apresentação

Kuikuro: o povo e a língua

Cerca de 600 Kuikuro vivem em cinco aldeias próximas às margens do rio Culuene, um dos formadores orientais do rio Xingu, tributário meridional do rio Amazonas. Os Kuikuro falam uma variedade ou dialeto da Língua Karib do Alto Xingu, pertencente a um dos dois ramos meridionais da família linguística Karib (Meira & Franchetto, 2005; Meira, 2006); os outros co-dialetos são falados pelos povos Matipú, Nahukwá e Kalapalo, todos vizinhos. A região conhecida como Alto Xingu ocupa a porção sul do Parque Indígena do Xingu, no Estado de Mato Grosso, e constitui um sistema regional multiétnico e multilíngue, antigo de mais de três séculos, onde vivem povos falantes de línguas pertencentes às principais famílias linguísticas das terras baixas da América do Sul: Tupi, Arawak e Karib, além do Trumai, uma língua isolada (Franchetto, 2011 e 2015). Com exceção do Yawalapiti (Arawak) e do Trumai, as línguas alto-xinguanas são ainda vitais, faladas por todos como primeira língua, presentes nas escolas das aldeias desde a alfabetização. Podem ser consideradas línguas ameaçadas por terem um número reduzido de falantes e serem minoritárias diante do português, dominante por ser a língua dos colonizadores que invadiram os territórios indígenas.

Utilizamos, neste livro, a ortografia desenvolvida, a partir de 1994, pelos professores indígenas Kuikuro, Kalapalo, Matipú e Nahukwa, junto com a linguista Bruna Franchetto. As correspondências entre letras e fonemas consonantais e vocálicos são indicadas na tabela a seguir:

Tabela 1: consoantes Kuikuro

Fonema	Grafema	Exemplo
/p/	p	*apetsu* 'correnteza'; *hangapo* 'tipo de brinco'
/t/	t	*tehu* 'pedra'; *katüti* 'peixe piau'
/k/	k	*kuigiku* 'mingau de mandioca'; *takeko* 'dois'
/j/	j	*kajü* 'macaco'; *okõ* 'marimbomdo'
/s/	s	*sike* 'formiga'; *osoti* 'aranha';

continua

Apresentação 23

contuniação da tabela 1

Fonema	Grafema	Exemplo
/ts/	ts	*itsuni* 'mato'; *aetsi* 'um'
/l/	l	*lisinhü* 'bebida'; *ilumbe* 'cinzas';
/m/	m	*masope* 'menina púbere em reclusão'; *ama* 'caminho';
/n/	n	*ana* 'milho'; *manage* 'peneira'
/ŋ/	ng	*ngata* 'plantas cultivadas'; *ngongo* 'terra'
/ɲ/	nh	*nhetune* 'areia'; *anha* 'morto'
/h/	h	*hite* 'vento'; *kahü* 'céu'
/Ř/ flepe uvular	g	*aguta* 'iguana'; *gogo-gogi* 'abelha'

Tabela 2: vogais Kuikuro

Fonema	Grafema	Exemplo
/a/	a	*tunga* 'água'; *alato* 'tacho
/ɛ/	e	*ekege* 'onça'; *ete* 'aldeia'
/i/	i	*ito* 'fogo'; *oti* 'campo';
/ɔ/	o	*oto* 'dono'; *akongo* 'companheiro'
/ɨ/	ü	*ügü* 'anzol'; *müngi* 'urucum'
/u/	u	*utu* 'tipo de armadilha de pesca'; *katuga* 'mangaba'

Por decisão dos próprios falantes, a ortografia Kuikuro pode ser considerada subfonêmica, já que registra também o resultado de processos fonológicos. Por exemplo, a realização de nasal flutuante (N) pode se dar tanto nasalizando uma vogal, como em *itaõ* (*itaoN*) 'mulher', como prenasalizando e vozeando uma consoante oclusiva (/p/, /t/, /k/ e /ts/). Assim, as letras **nd** representam a consoante prénasalizada ^{n}d (como em *unde* 'onde?', de *uN-te*, Q-LOC)); as letras **mb** representam a consoante pré-nasalizada ^{m}b (como em *umbe* 'rato', de *uNpe*); as letras **nkg** representam a consoante pré-nasalizada ^{ŋ}g (como em *ankge* 'chocalho', de *aNke*). O padrão silábico é (C)V, ou seja, não tem sílabas fechadas. Por fim, o acento principal da palavra (isolada) é quase sempre na penúltima sílaba.

24 Apresentação

Por ser marcadamente aglutinativa, a língua Kuikuro apresenta palavras complexas formadas por diferentes morfemas, lexicais e gramaticais, com fronteiras reconhecíveis entre eles. Um conjunto único de prefixos realiza os traços de pessoa com nomes, verbos e posposições, como mostra a tabela a seguir.

Tabela 3: Prefixos de pessoa em Kuikuro

	Com radicais iniciados por vogal	Com radicais iniciados por consoante
1 (1ª pessoa)	*u-*	*u-*
2 (2ª pessoa)	*e- (a-, o-)*	*e- (a-,o-)*
3 (3ª pessoa)	*is-, inh-, (Ø)*	*i-, (Ø)*
1 plural exclusiva	*tis-, tinh-*	*ti-*
1 dual inclusiva	*kuk-, k-*	*ku-*
3ª reflexiva	*tü-*	*tü, tu-*

Os nomes Kuikuro são 'nus', ou seja, eles não estão associados a artigos, como acontece em português. Muitos morfemas se realizam, cada um, em várias formas ou alomorfes, condicionados fonologicamente ou apenas morfologicamente.

O Kuikuro é uma língua de núcleo final e apresenta características morfossintáticas de uma língua ergativa (Franchetto 1986; 2010). De um lado, os argumentos em função de sujeito de verbo intransitivo e de objeto de verbo transitivo ocorrem rigidamente antes do verbo, constituindo com este uma unidade prosódica, e não exibem nenhuma marcação morfológica de caso. Esta relação é apenas um caso da unidade de qualquer núcleo (V, N, P) e seu argumento. De outro lado, o sujeito (agente ou causa externa) de verbo transitivo é marcado (caso ergativo) pela posposição *heke* e tem autonomia e mobilidade, podendo ocorrer tanto após o verbo como antes dele.

(1)   *kangamuke*   *atsaku-lü*
       criança   correr-PNCT
      '(a/uma) criança corre/correu'

(2) *kangamuke* *ingi-lü* *itaõ* *heke*
     criança   ver-PNCT   mulher ERG
     '(a) mulher viu (a) criança'

(3) *kangamuke gepo*
     criança perto
     'perto da criança'

(4) *kangamuke gitü-gü*
     criança cabeça-POSS
     'cabeça da criança'

Karajá: o povo e a língua

A língua Karajá é falada pelo povo Karajá, autodenominado *iny* 'gente', que habita imemorialmente a região da Ilha do Bananal (TO), formada pelo rio Araguaia – *berohokã* 'o rio grande' - e seu braço menor, o rio Javaés, o *bero biòwa* 'o amigo do rio (Araguaia)' abrangendo parte dos estados de Tocantins, Goiás e Mato Grosso. O censo do IBGE de 2010 reportou um total de 3.119 Karajás e dados da Secretaria Especial de Saúde Indígena SESAI de 2014 (http://portalarquivos.saude.gov. br/images/pdf/2016/marco/30/RG-SESAI-2015-V-Finalizada.pdf) já registram uma população de 3.768 pessoas, vivendo em cerca de 20 aldeias, geralmente localizadas nas margens de rios e lagos na grande região do rio Araguaia, seu eixo de referência social e cosmológico.

A língua Karajá ou *iny rybè* 'fala de gente', filiada à família Karajá do Tronco Macro-Jê, divide-se nos dialetos Javaé (*ixyju mahadu rybè*), Xambioá (*ixy biòwa rybè*) e Karajá propriamente (*bero mahadu rybè*), que se subdivide ainda no Karajá do norte e no Karajá do sul. As variedades apresentam ainda formas diferenciadas de fala de acordo com o sexo, mas são todas mutuamente inteligíveis, com diferenças restritas à pronúncia e ao léxico. Embora em contato com a população regional desde o século XVIII, os Karajá preservam admiravelmente a sua língua e aspectos importantes de sua cultura, tais como os rituais de aruanã, que têm seu ápice na festa de iniciação dos meninos, conhecida como a festa de *hetohokã* "a casa grande", que é construída especialmente para cada ciclo ritual cujo ápice coincide geralmente com o momento de cheia máxima do rio Araguaia, em fevereiro ou março. À exceção das aldeias mais periféricas de Aruanã, ao sul da ilha do Bananal, em

Goiás, e do Posto Indígena Xambioá, ao norte do estado de Tocantins, a língua Karajá é, geralmente, a primeira língua adquirida pelas crianças nas aldeias, sendo considerada vulnerável, segundo critério da Unesco para avaliar as línguas ameaçadas, o que indica justamente que está ocorrendo transmissão intergeracional da língua, embora ela possa ter restrições de domínios de uso.

Utiliza-se no presente livro a ortografia desenvolvida para a língua Karajá por David Fortune do *Summer Institute of Linguistics* (cf. Fortune, 1963), reformulada, em 2007, pelos próprios Karajá, conforme indicado nas tabelas a seguir, que estabelecem as correspondências entre letras e fonemas consonantais e vocálicos:

Tabela 1: consoantes Karajá (fonte: Gramática Pedagógica da Língua Karajá - Prodoclin)

Fonema	Grafema	Exemplo
/b/	b	*bdolèè* "pirarucu"; *abròrò* "jacaré"
/d/	d	*dorè* "papaguaio"; *ybdò* "beija-flor"
/h/	h	*haniè* "galinha"; *ahãdu* "lua"
/dʒ/	j	*juhta* "piranha", *ijata* "banana"
/tʃ/	tx	*ritxoo* "boneca de cerâmica"; *txubola* "cinto preto tradicional"
/l/	l	*lori-lori* "adorno de cabeça, touca plumária"; *hèmylala* "cobra"
/m/	m	*matyni* "amendoim"; *kòmarura* "tatuagem facial em forma circular"
/n/	n	*nawii* "pássaro"; *tõnori* "lança"
/ɾ/	r	*ruubreè* "melancia"; *wariri* "tamanduá"
/s/	s	*suu* "barro, terra"; *itxorosa* "cachorro"
/ď/	t	*tòò* "mastro cerimonial"; *hèkoty* "barco"
/ʃ/	x	*orixã* "banco tradicional"; *ixa* "cuia"
/w/	w	*weriri* "menino"; *myriweni* "sardinha de água doce"
/k/	k	*wakura* "peixe tucunaré"; *knyra* "praia"

Tabela 2: vogais Karajá (fonte: Gramática Pedagógica da Língua Karajá – Prodoclin)

Fonema	Grafema	Exemplo
/a/	a	*kutura* "peixe"; *inatxi* "dois"
/e/	e	*us<u>e</u>h<u>e</u>w<u>e</u>* "ema"; *l<u>e</u>i* "sucuri"
/ɛ/	è	*hani<u>è</u>* "galinha"; *h<u>è</u>mylala* "cobra"
/i/	i	*war<u>i</u>* "pássaro tuiuiu"; *ijasò* "aruanã"
/o/	o	*<u>o</u>rixã* "banco tradicional", *h<u>o</u>reni* "côco de babaçu"
/ɔ/	ò	*abr<u>òrò</u>* "crocodilo"; *d<u>ò</u>rè* "papagaio"
/ɨ/	y	*mat<u>y</u>ni* "amendoim", *r<u>yy</u>* "caminho"
/ə/	Ø, à	*bdolèè* "pirarucu"; *ybdò* "beija-flor"; *ir<u>à</u>* "mandioca"
/u/	u	*t<u>u</u>b<u>u</u>r<u>u</u>* "piolho"; *<u>u</u>ajina* "arco-íris"
/ã/	ã, ỹ	*ah<u>ã</u>du* "lua"; *hetohok<u>ỹ</u>* "casa grande"; *<u>ỹ</u>niterè* "tucunaré pitanga"
/õ/	õ	*a<u>õ</u>riti* "artesanato"; *ateh<u>õ</u>* "buriti"
/ĩ/	i	*haloen<u>i</u>* "gato"; *naw<u>i</u>k<u>i</u>* "pássaro"

O padrão silábico é geralmente (C)V, sendo o acento tônico quase sempre localizado na última sílaba dos nomes e na última sílaba da raiz verbal.

A língua Karajá é do tipo SOV, sendo o verbo posicionado ao final da frase, em conformidade com o parâmetro do núcleo final, apresentando, portanto, posposições e construções em que o possuídor precede o elemento possuído no Sintagma Nominal. A língua foi analisada como de tipo ativo-estativo (cf. Maia, 1986/1998), havendo uma cisão dos verbos intransitivos em ativos e estativos. Nos verbos intransitivos ativos, o sujeito (S) se alinha aos sujeitos dos verbos transitivos ativos (A), enquanto, nos verbos intransitivos estativos, os sujeitos alinham-se com os objetos dos verbos transitivos. Nos dados a seguir, ilustra-se este padrão:. Em (1), o sujeito do verbo transitivo 'empurrar' é marcado na forma verbal pelo prefixo de terceira pessoa *r-* , da série de prefixos ativos. Já o objeto é identificado pelo prefixo *-wa-* de primeira pessoa. Observe-se, no entanto, que, no dado (2), a raiz verbal intransitiva estativa *-bina-* tem como sujeito a mesma forma *-wa-* que codifica em (1) o objeto do verbo ativo 'empurrar'. O verbo intransitivo ativo em (3), por outro lado, marca a primeira pessoa com o prefixo *ar-*, da série ativa, assim como o verbo transitivo em (4).

(1) *tori r-i-wa-toruny-reri*
   branco 3A-VT-1O-empurrar-PRES
   'O branco está me empurrando'

(2) *deary wa-bina-reri*
   eu 1S-doente-PRES
   'Eu estou doente'

(3) *deary ar-õ-rõ-kre*
   Eu 1A-VT-dormir-FUT
   'Eu vou dormir'

(4) *deary benora ar-i-my-kre*
   eu tucunaré 1A-VT-pegar-FUT
   'Eu vou pegar tucunaré'

Paumari: o povo e a língua

A língua Paumari - palavra que significa 'povo, homem, pessoa' - pertence à família Arawá e é falada pelo povo do mesmo nome que vive em comunidades situadas na bacia do médio rio Purus com os seus afluentes, os rios Ituxí, Sepatim e Tapauá, ao sul do estado do Amazonas. Segundo os dados da Funasa de 2010, a população Paumari estimada era de 1.559 pessoas. O povo vive da pesca e da colheita de mandioca, cará e bananas que cultiva em seus roçados, de acordo com Bonilla (2005).

O Paumari é uma língua criticamente ameaçada porque atualmente é falada somente pelas gerações mais velhas. Dados da Unesco de 2009 registraram apenas 299 falantes. Apesar de alguns jovens e adultos serem bilíngues em Paumari e português, eles preferem usar o português em todas as situações, inclusive para se comunicar entre si. Aqueles que ainda falam a sua língua materna não a transmitem mais para as gerações mais novas. Como consequência, a maioria das crianças Paumari tem, hoje, o português como primeira língua.

O Paumari começou a ser estudado por missionários do *Summer Institute of Linguistics* (SIL) a partir da década de 60. Shirley Chapman foi a pesquisadora que mais se dedicou à descrição e análise da língua, tendo-se retirado de seus trabalhos a maior parte dos exemplos do Paumarí apresentados neste livro..

(i) Fonologia e ortografia

De acordo com Chapman & Derbyshire (1991) e Chapman & Odmark (2009), existem 22 fonemas consonantais em Paumari. A maioria deles é representada por um grafema específico. As consoantes e os grafemas que se assemelham aos do português são: *p, b, t, d, k, g, f, s, m, n, r₁* e *r₂*. O /s/ do Paumari é pronunciado como /s/ do português em início de palavras, como em 'sino'. O grafema **r** representa dois fonemas vibrantes distintos: (i) **r¹** é o som que se faz com a língua contra o alvéolo, como em "ca*r*o"; e (ii) **r²** é o som retroflexo produzido com a língua dobrada para trás, como no **r** caipira.

Listam-se a seguir os fonemas consonantais e os grafemas correspondentes que diferem do português:

Consoantes aspiradas

Fonemas	Grafemas	Exemplos
/tʰ/	th	*oathi* 'minha fala'
/kʰ/	kh	*khanaki* 'pesado'

Consoantes glotais

Fonemas	Grafemas	Exemplos
/ʔ/	'	*'i'ao* 'tambaqui'
/h/	h	*hotairi* 'veado'

Consoantes implosivas (produzidas com um movimento descendente da glote)

Fonemas	Grafemas	Exemplos
/ɓ/	'b	*'bisana* 'estragado'
/ɗ/	'd	*'daama* 'anta'

Consoantes africadas

Fonemas	Grafemas	Exemplos
/tʃ/	tx	*pa´txi* 'pequeno'
/dʒ/	j	*joma* 'noite'

Consoantes fricativas

Fonemas	Grafemas	Exemplos
/ʃ/	x	*xooni* 'irmão mais novo'
/w/	v	*kanava* 'canoa'

O inventário de fonemas vocálicos é muito pequeno. Existem apenas três vogais em Paumari, segundo Chapman & Derbyshire (1991:347): *i, a, o*, como pode ser observado nos exemplos na tabela acima.

Os padrões silábicos da língua são: V e CV:
1. *pa.ra.i* 'açaí' –> CV.CV.V

Normalmente, o acento principal da palavra recai na antepenúltima sílaba, como em (2), ou na sílaba inicial de palavras com duas sílabas:
2. *diriri* 'inseto'

(ii) Morfologia e sintaxe

A morfologia do Paumari é do tipo aglutinativo. Além de afixos gramaticais serem concatenados ao radical verbal, também é possível agregar afixos lexicais, como ilustra o dado em (3). A morfologia nominal é bem mais simples. O nome ocorre com afixos de posse e de caso apenas:
3. *o-kaaboka-jana-ra-vini*
1SG-aguentar-mais-NEG-TRAN
'Eu não estou aguentando mais...' (Chapman & Derbyshire, 1991: 237)

O Paumari é uma língua de núcleo final onde coexistem dois sistemas de marcação de caso diferentes: o ergativo e o acusativo. No nível oracional, a ordem dos constituintes pode variar, dependendo do sistema de caso empregado. No sistema ergativo, o sujeito intransitivo (S) e o objeto (O) apresentam o mesmo comportamento que difere do comportamento do sujeito transitivo (A). Compare (4) com (6) em que se pode observar que S e O seguem o verbo e são precedidos pelo determinante, ao passo que A ocorre à esquerda do verbo e é marcado com o sufixo –a. As ordens com esse tipo de sistema são: SVO e VS. No sistema acusativo, os sujeitos dos verbos intransitivo e transitivo (S e A) se manifestam da mesma forma que difere da forma do objeto. Compare (5) com (6) e observe que os sujeitos se posicionam à direita do verbo e são precedidos pelo determinante, enquanto o objeto ocorre à esquerda do verbo e recebe o sufixo de caso acusativo-*ra*. A ordem com esse tipo de caso é OVS/SOV e VS:

4. *koko-a   bi-nofi-ki   ida hado*   SVO
   tio-ERG   3-querer-MD   DET.F faca
   'Titio quer a faca'

5. *hado-ra   Ø-nofi-ki   ada koko*   OVS
   faca-ACC 3-querer-MD   DET.M tio
   'Titio quer a faca'

6. *Ø-asara-ki   ida isai*   VS
   3-chorar-MD   DET.F criança
   'A criança chorou'

GLOSAS

Lista das abreviações estabelecidas pela *Leipzig Gloss Convention*

1	1a pessoa	INS	instrumental
2	2a pessoa	INTR	intransitivo
3	3a pessoa	IPFV	imperfectivo
A	agent-like ARG of TR V	IRR	irrealis
ABL	ablativo	LOC	locativo
ABS	absolutivo	M	masculino
ACC	accusativo	N	neutro
ADJ	adjectivo	N-	non-(e.g. NSG nonsingular, NPST nonpast)
ADV	adverb(ial)	NEG	negação
AGR	concordânia, acordo	NMLZ	nominalizador

ALL	allativo	NOM	nominativo
ANTIP	antipassivo	OBJ	objeto
APPL	applicativo	OBL	oblíquo
ART	article	P	argumento paciente de verbo transitivo
AUX	auxiliar	PASS	passivo
BEN	benefactivo	PFV	perfectivo
CAUS	causative	PL	plural
CLF	classifier	POSS	possessivo
COM	comitativo	PRED	predicativo
COMP	complementizador	PRF	perfeito
COMPL	completivo	PRS	presente
COND	conditional	PROG	progressivo
COP	copula	PROH	proibitivo
CVB	converb	PROX	proximal
DAT	dativo	PST	passado
DECL	declarativo	PTCP	particípio
DEF	definido	PURP	propósito
DEM	demonstrativo	Q	palavra interrogativa
DET	determinador	QUOT	citativo
DIST	distal	RECP	reciproco
DISTR	distributivo	REFL	reflexivo
DU	dual	REL	relativo
DUR	durativo	RES	resultativo
ERG	ergativo	S	argumento único de verbo intransitivo
EXCL	exclusivo	SBJ	sujeito
F	feminino	SBJV	subjuntivo
FOC	foco	SG	singular
FUT	futuro	TOP	tópico
GEN	genitivo	TR	transitivo
IMP	imperativo	VOC	vocativo
INCL	inclusivo		
IND	indicativo	ID	ideofone
INDF	indefinido	INTJ	interjeição
		ONTP	onomatopeia

Glosas específicas

Guarani-Mbyá e Tupinambá:
ADJZ - adjetivizador
ASP - aspecto
DEP - dependente (oração)
DES - desiderativo
DET - determinante
II - indicativo II
Kuikuro:
1.2 - 1a pessoa plural inclusiva
1.3 - 1a pessoa plural exclusiva
3.DIST - 3a pessoa distal
3.PROX - 3a pessoa proximal
AN - anafórico
ANMLZ - nominalizador de agente
D.DIST - demonstrativo distal
D.PROX - demonstrativo proximal
DTR - detransitivizador
(intransitivizador)
DUB - dubitativo
EP - epistémico
FIN - finalidade
HA - partícula =ha
INS.NMLZ - nominalizador
instrumental
NANMLZ - nominalizador não
agentivo
Ncat - categorizador nominal
NMLZ.GR - nominalizador
NTM - marcador de tempo nominal
PNCT - pontual (aspecto)
SUBS - substancializador
VBLZ - verbalizador
Vcat - categorizador verbal

Karajá:
INC - incoativo
VT - vogal temática
VBLZ - verbalizador
Paumari:
AG - agentivo
ASP - aspecto
MD - modo
NCLASS - classificador nominal

Rótulos dos diagramas sintagmáticos

Em Linguística Gerativa rotulam-se os sintagmas formados a partir de operações de concatenação de categorias lexicais e funcionais com base no princípio universal da endocentricidade que prevê que os núcleos dos constituintes sintagmáticos projetam-se e rotulam os sintagmas. Esses rótulos costumam ser apresentados nas árvores sintáticas ou nas representações em colchetes através de suas abreviações em inglês, podendo também ser traduzidos para o português. Indicamos aqui as abreviações mais comuns, usadas nesse livro, com sua caracterização por extenso em inglês e em português:

Categoria	Abreviação	Categoria em Inglês	Abreviação em Inglês
Sintagma Nominal	SN	Noun Phrase	NP
Sintagma Verbal	SV	Verb Phrase	VP
Sintagma Adjetival	SAdj	Adjectival Phrase	AdjP
Sintagma Preposicional	SP	Prepositional Phrase	PP
Sintagma Posposicional	SPosp	Pospositional Phrase	PospP
Sintagma Adverbial	SAdv	Adverbial Phrase	AdvP
Sintagma Determinante	SD	Determiner Phrase	DP
Sintagma Flexional	SF	Inflectional Phrase	IP
Sintagma de Tempo	ST	Tense Phrase	TP
Sintagma de Aspecto	SAsp	Aspect Phrase	AspP
Sintagma Complementizador	SC	Complementizer Phrase	CP
Sintagma de Tópico	STop	Topic Phrase	TopP
Sintagma de Foco	SFoc	Focus Phrase	FocP
Sintagma vezinho	Sv	Little v Phrase	vP
Sintagma Aplicativo	SApl	Applicative Phrase	AppP
Sintagma Quantificacional	SQ	Quantificational Phrase	QP

Grafia de nomes de sociedades e línguas indígenas

Procurou-se seguir neste livro a convenção para a grafia de nomes indígenas estabelecida na 1ª Reunião Brasileira de Antropologia, publicada na Revista de Antropologia, vol. 2, n. 2, São Paulo: Companhia Editora Nacional, segundo a qual os nomes de povos e línguas indígenas escrevem-se com inicial maiúscula, não sendo flexionados em número ou gênero.

1. A GRAMÁTICA UNIVERSAL

Merge

O Programa de pesquisa científica que lançou, na metade do Século XX, o desafio de que todas as cerca de seis mil línguas faladas no mundo podem ser pensadas de modo integrado, à luz de um conjunto de princípios gerativos universais, teve entre suas publicações seminais o livro *Syntactic Structures* de Noam Chomsky, que completou recentemente 60 anos. A importante revolução no pensamento científico que tem origem aí ainda não impactou o grande público. Da mesma forma, as cerca de 150 línguas indígenas faladas no Brasil também são amplamente desconhecidas. O nosso desafio é, portanto, o de apresentar alguns dos postulados centrais do programa gerativista, tentando demonstrar a sua pertinência para a análise de línguas indígenas. Para tal, escolhemos as seguintes questões: recursividade, ordem de constituintes, a periferia esquerda da oração, a sintaxe dentro da palavra. Neste capítulo, utilizaremos também exemplos em língua portuguesa, de modo a introduzir mais facilmente o leitor aos conceitos da gramática gerativa.

1.1. Recursividade

No primeiro capítulo de seu mais recente livro, que já tem tradução em português - *Que tipo de criaturas somos nós?* – Chomsky reafirma que a mais básica das propriedades da linguagem, que ele chama simplesmente de Propriedade Básica é esta:

"Cada língua fornece uma série ilimitada de expressões hierarquicamente estruturadas que recebem interpretações em duas interfaces: a interface sensório-motora para a externalização e a interface conceitual-intencional para os processos mentais."

Em uma tradução coloquial, Chomsky está dizendo que todas as línguas possuem uma gramática que gera um número infinito de sentenças e sintagmas (uma série ilimitada de expressões) que envolvem, por um lado, uma realização articulatória e uma percepção auditiva (ativação da interface sensório-motora), e por outro lado, associam a essa percepção uma leitura pela mente do seu significado (ativação da interface conceitual-intencional).

O aspecto crucial dessa definição de língua é o da sua infinitude (a série ilimitada de expressões), ou seja, a possibilidade que cada língua tem de gerar um número infinito de sintagmas e sentenças. 'Hierarquicamente estruturadas' quer dizer umas dentro das outras. Como será possível descrever uma coisa que seja infinita?

O caráter infinito das línguas humanas se deve ao fato de que uma oração pode conter uma outra oração. A oração complemento da oração principal por sua vez também pode receber uma outra oração como complemento, e esse processo gerativo pode ser reaplicado ilimitadamente. Uma exemplificação simples dessa propriedade que as línguas têm pode ser constatada no conjunto de sentenças do português em (i):

(i)

    (a)   A Luisa tem medo das ondas do mar.

    (b)   O Pedro sabe que a Luísa tem medo das ondas do mar.

    (c)   Eu acho que o Pedro sabe que a Luísa tem medo das ondas do mar.

Nos exemplos em (i), vemos que a sentença (a) é formada por uma única oração. A sentença (b) contém a sentença (a) como complemento do verbo *saber*. Na sentença (c), vemos que ela traz para dentro a sentença (b) como objeto direto do verbo *achar*. Assim sendo, a definição gramatical da unidade sintática Sentença necessitará prover a informação de que uma sentença pode incluir outra sentença, e esta segunda sentença pode por sua vez conter outra, e isso pode recorrer, teoricamente, infinitas vezes.

Se quisermos descrever a gramática da língua portuguesa formulando suas regras, necessitaremos inicialmente informar que "uma sentença é constituída por um sintagma nominal e um sintagma

38 A gramática universal

verbal". Esta é a Regra 1. Em notação formal isso fica assim:
Regra 1: S → SN SV (Sentença é um Sintagma Nominal mais um Sintagma Verbal)

Na regra 2 informaremos que um sintagma verbal é constituído por um verbo mais uma sentença. Em notação formal fica assim:
Regra 2: SV → V S (Sintagma Verbal é um Verbo mais uma Sentença)

O aspecto particularmente importante nessa associação de regras é que na primeira regra, a que solicita a descrição de Sentença, entra a categoria Sintagma Verbal na descrição, e a seguir, na definição dada na Regra 2 para o Sintagma Verbal, entra mais uma vez essa mesma categoria Sentença, desta vez participando da definição de um componente que é justamente igual à primeira coisa que inicialmente se deseja descrever. Na matemática é usado o termo recursão quando surge uma situação em que o termo que representa, em uma regra, a coisa para a qual se necessita de definição (Sentença, neste caso) volta a ser utilizado numa regra subsequente, desta vez como parte da definição de uma das peças definidoras da peça a ser inicialmente definida. A presença de uma regra recursiva em uma descrição formal gera um número infinito de formas iguais à forma que se começou querendo descrever no início da derivação. O sucessivo encaixe de constituintes uns dentro dos outros pode ser visualmente representado por meio de uma forma geométrica semelhante à dos galhos das árvores ou também à do mapa de uma estrada com sucessivas bifurcações de caminhos. É muito eficaz descrever construções gramaticais de uma língua através da representação com diagramas em árvore.

Na descrição da gramática da língua (qualquer língua, todas as línguas), é importante para um linguista ganhar prática no desenho das árvores sintáticas da língua que pretende descrever, pois esse é um modo de descrever todas as possibilidades de combinações de formas de constituintes e de sentenças gramaticais que possam ser realmente geradas pela gramática da língua em pauta ("competência"), e portanto concretamente enunciadas ("desempenho") e realmente compreendidas ("desempenho" e "competência"). As árvores com as quais descrevemos a nossa competência -biológica- de gerar estruturas de sentenças e seus constituintes são provenientes de regras sintáticas que o nosso computador biológico possui e põe em uso ao falar e ao escutar.

A estrutura sintática da sentença (c) tem o seguinte formato em representação parentética:

(Eu acho (que o Zé sabe (que a Luisa tem medo das ondas do mar))).

Nessa representação temos uma oração que contém outra que também contém outra dentro.

Nos exemplos em (ii) vemos recursões de Sintagmas Preposicionais encaixados em Sintagmas Preposicionais:

(ii)

(a) O Francisco desenhou um vilarejo.

(b) O Francisco desenhou um vilarejo com muitas casinhas.

(c) O Francisco desenhou um vilarejo com muitas casinhas com telhados verdes.

(d) O Francisco desenhou um vilarejo com muitas casinhas com telhados verdes de folhas de coqueiro.

(e) O Francisco desenhou um vilarejo com muitas casinhas com telhados verdes de folhas de coqueiro da Bahia.

A descrição formal da recursão de Sintagma Preposicional dentro de Sintagma Preposicional nos exemplos em (ii) é expressa na gramática da seguinte maneira:

SN → N (SP)

SP → P SN

A estrutura sintática da sentença (ii) (c) tem a representação parentética dada a seguir:

[O Francisco desenhou um vilarejo (com muitas casinhas (com telhados verdes))]

Nessa árvore temos um sintagma nominal com um sintagma preposicional dentro, o qual por sua vez contém um outro sintagma preposicional.

Nos exemplos em (iii) podemos ver recursão de Sentença dentro uma outra categoria lexical, o adjetivo:

40 A gramática universal

(iii)

(a) O Zé fez o papel de um homem sério conhecedor de muitas histórias de migrações de populações na Europa.

(b) O Mauro fez cópias de fotografias familiares italianas antigas ainda muito nítidas.

(O Mauro fez cópias de (((((fotografias familiares) italianas) antigas) ainda muito nítidas)))

Resumindo os casos de recursividade que já olhamos: Sentença dentro de Sentença em (i); Sintagma Preposicional dentro de Sintagma Preposicional em (ii); Sintagmas Adjetivos em (iii).

Todas as categorias se prestam a funcionar como Núcleo de um Complemento Sentencial.

Uma exemplificação vem a seguir dos tipos de sentença que são complementos de diferentes categorias de palavras:

(iv) Sentença complemento de Nome:
Adorei [o plano [de irmos para Teresópolis]]
Eu quero [outra coisa [para comer]]
A Luísa já perdeu [o medo de [que fosse ficar manca]]

(v) Sentença complemento de Verbo:
A meteorologia [prevê [que hoje vai chover]]
O Paulo se lembrou de [avisar [que ia viajar]].

(vi) Sentença complemento de Adjetivo:
O Emilio já está [seguro [de que vai estudar Direito]]
A Sandra está [louca [para ir embora]]

(vii) Sentença complemento de preposição:
Ele não pode jogar futebol sem [que o médico autorize]
O síndico comprou um tapete novo para [a gente tirar a lama das solas].

Se ficarmos atentos a falas que ocorrem em conversas, encontraremos estruturas interessantes. Vejamos alguns exemplos curiosos, em que parece estar presente uma dose de consciência do falante no manuseio da estrutura da língua:

(viii) Três subordinadas com infinitivos:
Se continuar a chover assim, como é que vai poder dar pra desfilar esse pessoal todo?

(ix) Dois complementos nominais introduzidos por *de*:
O pai acredita na plausibilidade da possibilidade de a filha estar viajando com a turma.

(x) Subordinada subjetiva e oração principal nucleadas pelo mesmo verbo, ambos despidos de complemento:
Quem pode pode.

(xi) Juntada de orações telegráficas:
Nem vem, que não tem.

Um aspecto importante nas interdependências oracionais é o da enorme variedade de ordens permitidas para o encaixe de orações. Vejamos alguns exemplos das ordens e tipos possíveis:

(xii) Sujeito oracional à esquerda do predicado
((Que dois alunos fizessem um atentado na escola) era impensável)
((Fumar) dá câncer)
((Tomar laranjada) é saudável)
((Quem não tem cão) caça com gato)
((Quem chegar por último) comeu toda a porcaria do mundo)

(xiii) Sujeito oracional posposto:
(É porcaria (comer sem lavar as mãos))
(Foi bom (te ver))
(Está caro (telefonar para New York))
(Me cansa (orientar quem não consegue redigir))

É fácil constatar que, para todos os exemplos acima, a ordem linear inversa, com a sentença sujeito precedendo o predicado, é legítima

42 A gramática universal

(xiv) Objeto direto oracional anteposto
Que eu adoro salada de atum, você sabe.
Que vai cair um toró já, eu te garanto.
Que o Reginaldo é malandro, todo mundo viu logo.

Em todos os exemplos em (xiv), o lugar sintático original da oração que está na posição inicial é depois do verbo, pois ela é complemento do verbo.

Vejamos, agora, para concluir esta seção, um exemplo de análise em diagrama arbóreo de um período composto em que há orações encaixadas recursivamente:

1. (c)

Eu acho que o Pedro sabe que a Luísa tem medo das ondas do mar

Apreciamos até aqui construções recursivas geradas pela propriedade básica, pilar fundamental da arquitetura da linguagem humana, presente em todas as línguas.

1.2. A ordem de constituintes

Então, qual seria a arquitetura da linguagem humana, que está presente em todas as línguas? Como esta arquitetura universal é fixada em todas as línguas? Chomsky (2005) propõe que existam três fatores fundamentais explicando o que chama de *design* da linguagem, ou seja, justamente a arquitetura da linguagem na mente humana. **O primeiro fator é a Gramática Universal**, o conjunto de princípios inatos, parte da dotação genética humana. É o que vem de dentro. Por exemplo, todas as línguas humanas se caracterizam, entre outros, pelo princípio de **dependência estrutural**, que foi proposto em Chomsky (1980) como sendo parte do conhecimento universal que as crianças colocam naturalmente em uso no processo de aquisição da linguagem. Assim sendo, as palavras não se seguem linearmente nas frases como contas em um colar, mas são estruturadas **composicionalmente** em hierarquias sintagmáticas recursivas que podem, inclusive, mediar a construção do pensamento e do raciocínio lógico (cf. Gelman and Gallistel, 2004). Assim, as palavras em uma frase se organizam em grupos ou **sintagmas**.

Por exemplo, na língua Karajá, como veremos em maior detalhe no Capítulo *A Periferia Esquerda da Oração*, se queremos fazer uma pergunta do tipo SIM/NÃO, incluímos a partícula interrogativa em segunda posição de **constituinte sintagmático** e não em segunda posição absoluta. Por esta razão, uma frase como (1) é bem formada, enquanto que uma frase como (2) seria agramatical na língua Karajá:

(1) *Kua ijadoma iseriòre **aõbo** rehemynyre?*
     aquela moça irmão   Q   chegou
     'O irmão daquela moça chegou?'

(2) **Kua   **aõbo**   ijadoma iseriòre rehemynyre?*
     aquela   Q   moça irmão chegou
     'O irmão daquela moça chegou?'

44 A gramática universal

O Sintagma Nominal *kua ijadoma iseriòre* 'o irmão daquela moça' é o primeiro constituinte da frase, sendo o pronome demonstrativo *kua* 'aquele ou aquela' o determinante do núcleo deste constituinte. Já a frase em (2) é mal formada, agramatical, porque a palavra interrogativa *aõbo* vem logo após o determinante *kua* que, isoladamente, não caracteriza um constituinte. Ou seja, embora seja a primeira palavra linearmente, na frase, *kua* não é o primeiro constituinte. Como as palavras se organizam em constituintes, as regras linguísticas não fazem referência à ordem linear em que as palavras ocorrem nas frases, mas aos constituintes ou sintagmas. Por esta razão, a frase (1), que inclui a partícula interrogativa *aõbo* em segunda posição de constituinte é bem formada na língua Karajá, enquanto que a frase (2), em que a partícula interrogativa *aõbo* é incluída como segunda palavra na frase, é agramatical, já que violaria o **princípio universal da dependência estrutural.**

Outro princípio universal inato é o de que todas as construções sintagmáticas têm um núcleo. Trata-se do **Princípio do Núcleo**. A posição dos núcleos dos sintagmas em relação a seus dependentes constitui um dos **parâmetros** da GU. O núcleo pode ser inicial ou final. Algumas línguas são consistentemente do tipo núcleo final, como o Japonês e o Coreano, já que praticamente em todos os tipos de sintagmas os núcleos ocorrem à direita dos seus complementos. Outras línguas são consistentemente do tipo núcleo inicial, como o Português e o Espanhol, pois os núcleos da maior parte dos seus sintagmas se manifestam à esquerda, no início do constituinte. Na grande maioria das línguas, todavia, há desarmonias de algumas construções gramaticais em termos da posição de seus núcleos porque, por exemplo, em alguns domínios os sintagmas exibem núcleo final, mas em outros são de núcleo inicial, como é o caso do Persa e do Hindi. Por outro lado, o Inglês apresenta a maioria de suas construções consistentemente de acordo com o parâmetro do núcleo inicial, embora, por exemplo, a construção possessiva de origem saxônica, seja desarmônica, apresentando o seu núcleo em posição final (e.g. *Peter's car* 'o carro de Pedro', que tem o núcleo *car* 'carro' em posição final do sintagma).

Se o Princípio do Núcleo indica que, em todas as construções sintagmáticas de todas as línguas, há sempre um núcleo, como explicar que, em algumas línguas, o núcleo venha no início e, em outras, no fim do sintagma? Aqui entra em cena o segundo fator proposto por Chomsky, como parte da arquitetura da linguagem: **o que vem de fora**, ou seja, a experiência linguística, que ativa e faz eclodir o conhecimento interno inato. Por isso, além de trazer, ao nascer, o conhecimento de princípios como a dependência estrutural e o princípio do núcleo, a criança precisa ainda receber estímulos linguísticos do ambiente para que os princípios universais sejam ativados e parametrizados. Desta forma, a criança Karajá, exposta aos núcleos finais em Karajá, fixa durante a aquisição o princípio do núcleo com o parâmetro do núcleo final, enquanto uma criança exposta apenas ao português, vai fixar o princípio do núcleo com o parâmetro do núcleo inicial. Observe que há harmonias entre os diferentes sintagmas nas línguas, tanto em relação ao núcleo inicial, quanto em relação ao núcleo final. Assim, se no Sintagma Verbal, o núcleo V ocorre após o complemento em uma língua de núcleo final, o núcleo adposicional também ocorre após o complemento no Sintagma que não poderia, portanto, ser chamado de Sintagma Preposicional, como é o caso do Português, mas de **Sintagma Posposicional**. De modo geral, as línguas tendem a harmonizar suas construções com os tipos **núcleo final** ou **núcleo inicial**, embora, como veremos, haja também construções desarmônicas nos dois tipos. As desarmonias ocorrem porque as línguas são dinâmicas, estando em constante mudança e são também influenciadas por razões de **eficiência computacional**. E aqui podemos apreciar o **terceiro fator** no *design* da linguagem, que está além dos universais internos da gramática e também da experiência linguística. São fatores que, segundo, Chomsky, estão além da linguagem e do próprio organismo, tais como a economia computacional. Por exemplo, segundo analisa Hawkins (1983), o adjetivo e o possessivo saxônico – construções curtas – precedem desarmonicamente o Nome, em inglês, língua em que a maioria das construções é de núcleo inicial. Entretanto, esta desarmonia não ocorre na oração relativa, que é muito longa ou pesada e tornaria o núcleo muito difícil de ser alcançado durante o processamento da construção, o que não seria eficiente computacionalmente.

1.3. A periferia esquerda da oração

Assim, há um *design* ou arquitetura universal da linguagem humana, que permite que todas as línguas sejam adquiridas pelas crianças de modo bastante rápido e uniforme. Em todas as línguas há elementos que se organizam em constituintes ou sintagmas. Todos os constituintes têm núcleos e se estruturam hierarquicamente. Além disso, a estrutura oracional em qualquer língua organiza-se em três camadas, codificando relações lexicais, flexionais e de complementização. A camada lexical, a mais baixa, é constituída pelo verbo e seus argumentos, e é dominada pela camada flexional. A camada flexional, que fica acima da lexical, é onde se codificam as diferentes flexões gramaticais existentes nas línguas. Finalmente há uma camada complementizadora, que é a mais alta e é também chamada de periferia esquerda da oração. Esta região da periferia esquerda da oração na Gramática Universal tem uma dupla função. De um lado, "olha para baixo", relacionando-se à flexão; de outro, concatena-se a um seletor mais alto, sendo também sensível ao contexto discursivo. Por exemplo, uma oração como (1b), em português, pode ser encaixada em outra frase mais alta, que a precede, digamos a oração (1a):

(1a)   João disse

(1b)   que Maria saiu

Para integrar a oração (1b) à oração (1a) usou-se o conectivo *que*. Este conectivo, como na imagem do deus grego Jano, de dupla face, precisa considerar tanto as camadas mais baixas, ou seja, o verbo e as flexões gramaticais, quanto a oração mais alta, que tem um verbo que precisa de complemento. Assim, esta região da oração tem sido chamada de camada complementizadora, pois tem como núcleo esses conectores. Rizzi propôs em um importante artigo[1] que esta região mais alta estabelecesse relações entre os complementizadores e as características flexionais da oração e que, além dos complementizadores, a periferia esquerda da oração também abrigasse diversos outros elementos, relacionados ao tipo de frase e à sua estrutura informacional. Por exemplo, observe que o conectivo *que* estabelece exigências flexionais distintas do conectivo *para*:

(2)   O professor pediu *que* o aluno saí*sse*.

(3)   O professor pediu *para* o aluno sa*ir*.

Se usarmos o conectivo *que* precisamos flexionar o verbo no modo subjuntivo e se usarmos o conectivo *para*, o verbo deve estar no infinitivo, do contrário as frases seriam agramaticais:

(4)   *O professor pediu *que* o aluno sa*ir*.

(5)   *O professor pediu *para* o aluno saí*sse*.

Além de indicar essas propriedades da camada complementizadora, que precisam considerar propriedades lexicais e flexionais abaixo dela, Rizzi expande a periferia esquerda para incluir aí também sintagmas interrogativos, de tópico e de foco, entre outros. Esses elementos precisam, como na imagem do deus Jano, considerar também fatores mais altos – orações matrizes, o discurso e o contexto da enunciação. Por exemplo, em uma construção do português como (6), o SN, *um livro do Chomksy*, na periferia esquerda, é um tópico sobre o qual se faz um comentário:

(6)   Um livro do Chomsky, eu comprei durante o congresso.

Note-se que o SN *um livro do Chomsky* chegou a essa posição na camada mais alta da oração vindo da posição de objeto direto do verbo comprar. Trata-se de movimento de constituinte, uma operação da sintaxe. A frase sem o movimento do tópico seria como exemplificado em (7), em que o SN está na sua posição original:

(7)   Eu comprei um livro do Chomsky durante o congresso.

Comparemos as duas frases. Que diferença pode haver entre elas? Dá para sentir intuitivamente que a frase (6) tem um uso mais marcado do que a frase (7). Ou seja, a frase (7) é uma declaração que poderia ser feita em mais situações do que a frase (6). Para a frase (6) ser usada adequadamente, seria preciso que, no contexto discursivo ou pragmático onde a frase é enunciada, já se estivesse falando sobre livros do Chomsky. Vê-se, então, que a periferia esquerda da oração leva em

48   A gramática universal

conta a informação nova ou velha do contexto anterior. Procure falar a frase (6) e você perceberá que a pronúncia da frase (6) é distinta, havendo entoação mais elevada e pausa, separando o tópico do comentário, para marcar a natureza da informação dada no contexto anterior e que é, agora, retomada. Vejamos, a seguir, uma frase como (8):

(8)   Foi um livro do Chomsky que eu comprei durante o congresso.

Como essa frase difere das anteriores? Qual sua intuição? Dá para sentir que, embora do ponto de vista da análise mais literal elas pareçam idênticas, há, no entanto, diferenças importantes no seu perfil informacional. A construção *foi... que* parece operar um valor de novidade que é agregado ao SN *um livro do Chomsky*. Ao contrário de (6), onde o tópico retoma a informação velha, presente no discurso anterior, a periferia esquerda da frase (8) introduz um fato novo! É o que se está focalizando neste enunciado. Agora, a construção já não visa adicionar um comentário novo ao tópico ou assunto velho sobre o qual se estava falando. Em (8), a construção *Foi um livro do Chomsky* é um fato novo que se acrescenta ao discurso anterior que poderia pressupor, por exemplo, as compras feitas durante o congresso. Assim, temos em (8) uma construção do tipo Foco-Pressuposição, distinta em seu valor informacional da construção do tipo Tópico-Comentário, em (6).

A periferia esquerda da oração na Gramática Universal pode marcar também o tipo de frase que se enuncia. Por exemplo, em uma frase como (9) o Sintagma interrogativo *que livro* já indica que se trata de uma frase interrogativa:

(9)   Que livro você comprou durante o congresso?

Ao ler o Sintagma-QU *que livro*, que foi movido para a periferia esquerda da sua posição de geração original após o verbo comprar, já identificamos que se trata de uma pergunta. Diz-se que o movimento de QU tipifica a oração como interrogativa. Um princípio importante da arquitetura da linguagem humana, que Chomsky tem tratado como terceiro fator, como vimos anteriormente, é a economia computacional. Assim, uma aluna do Chomsky, Lisa Cheng, a partir de dados do Chinês Mandarim, propôs **o princípio da Tipificação Oracional** que, fundamentado nesse princípio de economia, propõe que as línguas marquem o tipo ou força ilocucionária da oração ou pelo movimento do Sintagma-QU ou pelo uso de uma partícula interrogativa, não devendo fazer uso de ambas as estratégias simultaneamente. Nesse sentido, Cheng demonstra que uma língua como o Chinês que já tem uma partícula interrogativa para tipificar interrogação, não permite o movimento de QU para a periferia esquerda, ficando esses sintagmas no seu lugar original de geração ou *in situ*. É o que se exemplifica a seguir. O dado do Chinês em (10a) ilustra uma oração afirmativa. Em (10b) vemos a mesma oração em uma interrogativa do tipo sim/não. Note que a oração interrogativa é tipificada pela partícula *ma*, ao final. Em (10c), exemplifica-se uma interrogativa QU, uma pergunta informacional, em Chinês.

(10a) *Ni kan dau le Lisa Cheng.*
você ver ASP PST Lisa Cheng
'Você viu Lisa Cheng'

(10b) *Ni kan dau le Lisa Cheng **ma**?*
você ver ASP PASS Lisa Cheng INT
'Você viu Lisa Cheng?'

(10c) *Ni kan dau le shei?*
você ver ASP PST quem
'Você viu quem?'

Note-se que o pronome interrogativo *shei* 'quem?' está em posição no final da oração, sendo a frase bem formada, ao contrário do exemplo (10d) em que *shei* foi movido para a posição inicial, tornando a frase agramatical. Como generaliza Lisa Cheng, dispondo da partícula interrogativa *ma* para tipificar a força interrogativa, o Chinês mantém a palavra interrogativa *in situ*. Finalmente, a agramaticalidade de (10e) em que se usa a partícula interrogativa *ma* em uma construção interrogativa QU, exemplifica adicionalmente o princípio de economia proposto por Cheng.

(10d) **Shei ni kan dau le?*
quem você ASP PST
'Quem você viu?'

(10e) *Ni kan dau le shei **ma**?
você viu ASP PST quem Q
'Você viu quem?'

No capítulo *A Periferia Esquerda da Oração* apreciaremos em maior detalhe esses princípios e construções relativos à camada mais alta da oração nas línguas Guarani Mbyá, Tupinambá, Kuikuro, Karajá e Paumarí.

1.4. A sintaxe das palavras

Até aqui, nos ativemos fundamentalmente à gramática da oração e da sua articulação em períodos. Vamos concluir esse sobrevoo amplo sobre os princípios e postulados da gramática universal chamando a atenção do leitor para a gramática da palavra. Em uma importante teoria gramatical, conhecida como Morfologia Distribuída (Marantz, 1997; Pylkkänen, 2002; Arad, 2003; Lemle & Improta, 2005), as palavras não saem já prontas de um Léxico pré-existente, mas são formadas na Sintaxe, através das mesmas operações que derivam os sintagmas e as sentenças: *Merge* "juntar ou concatenar"e *Move* "mover ou deslocar". Como nesta teoria não há mais um léxico pré-existente, a Morfologia Distribuída propõe três listas que contêm as informações necessárias para a geração das palavras.

Na Lista 1, encontram-se as raízes ainda não categorizadas, os morfemas categorizadores, que vão tornar as raízes nomes, verbos etc. e os morfemas funcionais, como causativo, aplicativo, determinante, tempo etc., que se combinam com as raízes, na derivação das palavras. A categoria sintática da palavra é, então, definida na primeira junção da raiz ao seu categorizador. Uma raiz se torna um verbo ao se agregar a um *vezinho* (v) ou verbalizador, se torna um nome ao se juntar a um *enezinho* (n) ou nominalizador e se torna um adjetivo, ao se combinar a um *azinho* (a) ou adjetivizador, como ilustram as representações em (11). Note-se que os morfemas categorizadores e os morfemas funcionais podem ter realização fonológica ou podem ser nulos (Ø):

(11)

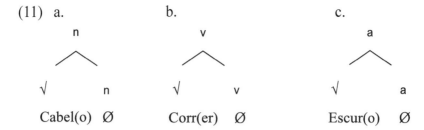

Existem raízes, todavia, que podem se concatenar a vários tipos de categorizadores, como evidenciam os dados da língua Asurini do Trocará (família Tupi-Guarani), envolvendo a raiz "dois/duas". Somente o nominalizador tem realização fonológica: –a. O morfema verbalizador do Asurini não é pronunciado. E -ta é apenas flexão de tempo verbal:

Asurini do Trocará

(12)
    a. *Mokõi* (numeral)
       Dois/ duas
    b. *Mokõi* (Advérbio)
       Duas vezes
    c. *Mokõi-a* (Nome)
       dois/duas-NMLZ
       'Os dois/as duas'
    d. *Mokõi-Ø-ta* (Verbo)
       dois/duas-fut
       'Serão dois /duas'

Ainda segundo a Morfologia Distribuída, não só as categorias das palavras, mas também a estrutura argumental dos predicados é definida sintaticamente. Os verbos, por exemplo, podem ser constituídos por uma raiz lexical, um morfema categorizador (vezinho) e por núcleos funcionais que licenciam argumentos, como os morfemas causativo e aplicativo, responsáveis pela inserção de sujeitos (argumentos externos) e de objetos (argumentos internos), respectivamente. A alternância causativa/intransitiva, observada em (13) decorre da inserção opcional de uma dada raiz em uma configuração intransitiva ou causativa, como mostram as representações em (14):

(13)
 a. A janela abriu.
 b. Rui abriu a janela.

(14) a.   b.

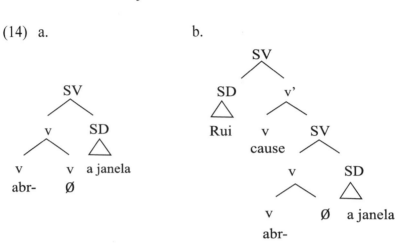

Após a derivação sintática da palavra, a Lista 2 é acessada, inserindo-se, então, as peças de vocabulário (o material fonológico), que correspondem à raiz e aos morfemas abstratos da Lista 1. Esta segunda lista (Lista 2) armazena os chamados itens (ou peças) de vocabulário (prefixos, sufixos, marcas de concordância). Nessa lista está a informação fonológica ausente nos traços da Lista 1.

A partir daí, a Lista 3 (ou Enciclopédia) é acessada para que a palavra adquira o seu significado. É na junção da raiz com o primeiro morfema categorizador que se obtém o significado convencional da palavra, negociado na Enciclopédia. A palavra já categorizada pode ainda passar pelo processo de recategorização. Isto é, pode mudar de classe lexical ao ser inserida em configurações contendo outros morfemas categorizadores, conforme ilustram as representações do adjetivo "cabeludo", do nome deverbal "pagamento" e do verbo deadjetival "escurecer" em (15):

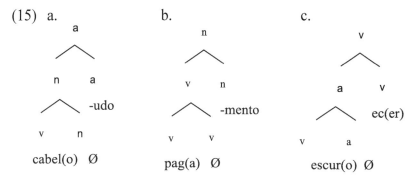

O nome "cabelo" em (11) e (15), por exemplo, possui o significado - "pelos que cobrem a cabeça" - determinado de maneira arbitrária na primeira concatenação da raiz com o núcleo nominalizador. O adjetivo "cabeludo", derivado do nome "cabelo", quando se combina com o sufixo adjetivizador "-ud(o)" ("cheio de"), tem uma leitura composicional: "cheio de pelos na cabeça". Naturalmente, no processo de recategorização nem sempre é fácil distinguir se a palavra resultante deriva de uma raiz ou de um nome, de um verbo ou de um adjetivo, principalmente quando o categorizador não é fonologicamente expresso.

O modelo da Morfologia Distribuída, aqui apresentado em suas linhas gerais, permite uma visão integrada da computação gramatical das línguas humanas que tem como ponto de partida a operação binária de *mergir* ou juntar. Esta operação que é o primitivo fundamental da sintaxe da oração também atua no âmbito da palavra.

A conclusão geral que gostaríamos de ter passado ao leitor nesta introdução é a de que todos os falantes de uma língua, independentemente de seu nível de escolaridade ou de sua "inteligência" (entre aspas, porque não se sabe bem, ainda, o que seja isso) têm um sistema de conhecimento espontâneo, natural, na sua mente, que lhes possibilita compreender e expressar pensamentos estruturados e complexos em número infinito. Essa eclosão da capacidade de linguagem, que acontece nos três primeiros anos de vida de uma criança, sem que tenha havido nenhum esforço sistemático de ensino ou treinamento de crianças por parte dos adultos, autoriza os pesquisadores a postularem a existência de um subsistema especializado do nosso cérebro, denominado Gramática Universal, que é igual para todos os seres humanos. Em suas grandes linhas, todas as línguas do mundo compartilham as propriedades da

Gramática Universal. As características gramaticais particulares de cada língua consistem de algumas limitadas possibilidades de variação, opções deixadas em aberto pela Gramática Universal.

Como procuramos, portanto, argumentar nesse capítulo, o programa da Gramática Gerativa, proposto por Chomsky, no âmbito da Revolução Cognitivista da metade do Século XX, prevê uma arquitetura universal da faculdade mental da linguagem, que vem permitindo uma análise integrada das línguas, que deixam de ser estudadas como objetos idiossincráticos e exóticos, mas como produtos do mesmo órgão do cérebro humano. Cremos que, nesse ponto de nossa narrativa, o leitor deva estar curioso para apreciar como essas ideias revolucionárias sobre a linguagem humana podem de fato contribuir para entendermos os dados de línguas indígenas. Sem mais delongas, passemos às línguas.

---

[1] Rizzi, Luigi (1997). The fine structure of the left periphery. In L. Haegeman. (ed.), *ElementsofGrammar*. Dordrecht: Kluwer.

2. A RECURSIVIDADE

Matryoshkas encaixadas

A recursividade é uma operação sintática central da gramática universal. Como vimos no capítulo *A Gramática Universal*, a propriedade básica da linguagem humana é a **recursividade**, uma operação que resulta, em última análise, do processo de **mergir**, fundamental na Sintaxe. Como conceitua Tom Roeper (2010), "a recursividade é uma operação que toma a sua saída como entrada", reaplicando-se sobre si mesma para criar construções mais complexas a partir de construções básicas. Trata-se, portanto, em última análise, de uma manifestação da operação *merge*, em que se concatenam dois elementos.

Os constituintes sintáticos podem ser mergidos recursivamente de modo direto ou indireto, conforme indicado nas regras de reescrita a seguir:

(1) X → X (e X)

(2) X → Y Z
     Z → W (X)

Em (1), a regra de recursão direta produz um conjunto enumerativo, enquanto que as regras em (2) produzem uma análise de encaixe recursivo indireto.

Os constituintes sintáticos podem ser mergidos sucessivamente em processos recursivos diretos e indiretos. Embora os dois tipos possam produzir construções, em princípio, ilimitadas, a recursividade direta produz interpretações de conjunto, mais lineares, enquanto a recursividade indireta produz estruturas hierárquicas de auto-encaixe.

No presente capítulo exploramos diferentes construções recursivas nas línguas Tupi Guaraní Mbya e Tupinambá, e nas línguas Kuikuro (Karib), Karajá (Macro-Jê) e Paumari (Arawá).

2.1. Guarani Mbyá e Tupinambá

Em Vieira (2018), constatou-se a existência de construções recursivas em Guarani Mbyá e Tupinambá. Essas construções manifestam recursividade do tipo indireto, em que categorias idênticas são introduzidas por categorias não-idênticas, como em (3a), por exemplo, em que é o núcleo do SV e não uma oração que licencia uma outra oração como complemento. Essa operação pode ser recorrente, gerando o encaixamento de várias orações, conforme ilustra (3b):

(3)
    a   S --> NP VP
         VP --> V S
    b   João **disse** [$_S$ que Pedro **acha**[$_S$ que José **pensa** [$_S$ que Maria ama os animais]]]]

Os domínios gramaticais em que ocorre recursividade variam entre as línguas. Mostraremos aqui que em Tupinambá e Guarani Mbyá, a recursividade é atestada nos seguintes contextos: sintagmas possessivos, orações subordinadas e incorporação verbal.

2.1.1. Recursividade no sintagma possessivo

Nos Sintagmas Possessivos, o núcleo do Sintagma Nominal que contém o elemento possuído, é precedido pelo Sintagma Possuidor. A relação possuidor - possuído fica marcada por um morfema possessivo (*r-* ou Ø), como indicam os exemplos (4) e (5):

Guarani
(4) *Ara*   *r- o*
      Ara   POSS-casa
      'A casa da Ara '.

Tupinambá
(5) *paîê*   *Ø-kysé*
      pajé   POSS-faca
      'A faca do pajé'   (Lemos Barbosa: 78)

É possível haver dois níveis de encaixamento de possessivos, conforme nos mostra o dado (6) do Tupinambá:

Tupinambá
(6) *xe*   *r-ayra* - *r-ura*
      1SG   POSS-filho-POSS-chegada
      'A chegada do meu filho'   (Lemos Barbosa:398)
      (Lit.: 'A chegada do filho de mim')

Em Guarani, através do método de elicitação, observou-se ainda a ocorrência de três e até de quatro níveis de encaixamento de Sintagmas Possessivos, como ilustram os exemplos em (7). Em cada nível recursivo, o morfema (*r-* ou Ø) marca a relação de posse entre o elemento possuído e o possuidor. A árvore em (7c) representa a estrutura sintática de (7b).
Guarani
(7)

    a. *Ara r-u-r-amõi-r-o*
         Ara POSS-pai-POSS-avô-POSS-casa
         'A casa do avô do pai da Ara'
    b. *Ara r-u-Ø-irũ-r-a'y-r-o*
         Ara POSS-pai-POSS-amigo-POSS-filho-POSS-casa
         'A casa do filho do amigo do pai da Ara'

(7c)

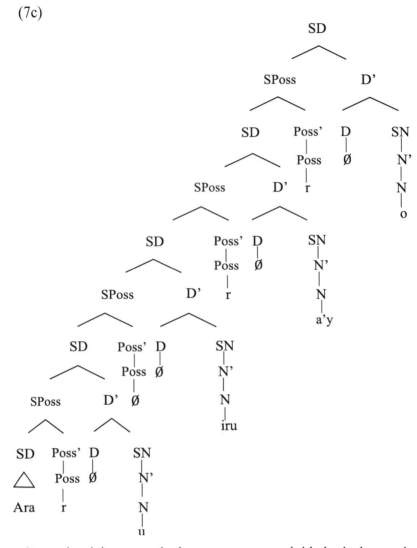

Outro domínio gramatical em que a recursividade é observada nas duas línguas aqui descritas é o nível oracional

2.1.2. Recursividade no nível oracional

(i) As orações encaixadas

Em Guarani Mbyá e Tupinambá, as orações subordinadas são geradas à direita do verbo que as seleciona, como mostram os exemplos em (8) e (9):

Guarani
(8) *a-i-kuaa* *[ajaka a-japo aguã]*
1SG-3-saber cesta 1SG-fazer DEP
'Eu sei [fazer cesta]'

Tupinambá
(9) *a-î-potar* *[xe só]*
1SG-3-querer 1SG ir
'Eu quero[ir]'

Através dos dados coletados entre os falantes do Mbyá, encontramos a ocorrência de orações subordinadas com dois níveis de encaixamento, conforme ilustra (10), gerada por regras do tipo (3b):

Guarani
(10) *Ndee re-japo[a-i-kuaa aguã [ajaka a-japo aguã]][1]*
você 2SG-fazer 1SG-3-saber DEP cesta 1SG-fazer DEP
'você fez [me saber[fazer cesta]]'

Há ainda um outro domínio gramatical em que a recursividade é atestada nessas línguas. Trata-se do contexto de incorporação verbal.

(ii) A incorporação verbal

Um verbo subordinado também pode ocorrer incorporado ao verbo que o seleciona, sendo posicionado à sua esquerda, em geral, quando os seus sujeitos se referem à mesma pessoa, como mostram os exemplos a seguir:
Guarani
(11)
a. *ore ro-i-kuaa* *[ajaka ro-japo]*
nós 1PL-3-saber cesta 1PL-fazer
'Nós sabemos fazer cesta'
b. *ore ro-[japo]$_i$-kuaa* *t$_i$ ajaka*
nós 1PL-fazer-saber cesta
'Nós sabemos [fazer cesta]'

60   A recursividade

Em Guarani Mbyá, a incorporação verbal pode ter dois e até três níveis de encaixamento. Sugerimos que -*xe*, em (13), é um verbo morfologicamente dependente, caracterizando, portanto, um terceiro nível de encaixe.

Guarani

(12)   *xe-[[[ayvu]-kuaa]-pota]   pende ayvu*
       1SG-falar-saber-querer   2PL   língua
       'Eu quero[saber [falar a sua língua]]'

(13)   *nd-a-[[[[exa]-kuaa]-pota]-xe]-i   jagua*
       NEG-1SG-ver-saber-querer-desejar-NEG cachorro
       'Eu não desejo[querer[saber [ver (reconhecer) um cachorro]]]' (Dooley: 64)

No Tupinambá, é possível verificar a ocorrência de dois níveis de encaixamento nas construções com incorporação verbal, como em (14), [quer[ver[bater]]]. Note-se que o complemento nominal do verbo subordinado "bater" pode também aparecer incorporado ao complexo verbal, como ilustra o dado em (14b):

Tupinambá

(14)

   a.   *nd'-ere-î-[[[nupãnupã]-epîá'-]potar]-i pe   abá?*
        NEG-2SG-3-bater-ver-querer-NEG   Q índio
        'não quer você [vê-los[açoitar o índio]]?'
   b.   *nd'-ere-[[[abá-nupãnupã]-epiá']-potar]-i   pe?*
        NEG-2SG-índio-açoitar-ver-querer-NEG   Q
        'Não quer você [vê-los [açoitar o índio]]?' (Lemos Barbosa: 149)

A incorporação verbal recursiva é mais um reflexo da aplicação da regra descrita em (3a). Não se trata de um verbo introduzindo um outro verbo, mas de um verbo introduzindo uma oração. Uma prova de que há orações envolvidas nessas estruturas vem do fato de que esses verbos incorporados podem vir acompanhados da negação:

(15)   *nd-   a-[só-eym] –aub-i*
       NEG-1SG-ir-NEG-fingir-NEG
       'Eu finjo [não estar indo]' (Lemos Barbosa: 189)

2.2. Kuikuro

2.2.1. Recursividade oracional

O leitor lembra daquela brincadeira feita de palavras que fala do gato que comeu o rato que comeu o queijo... e por aí vai, só parando quando nossa memória fica cansada e já não sabemos mais quem e como começou a estorinha? Bom, este é um caso claro de construção recursiva. Será que podemos traduzi-la em Kuikuro? Sim, como vemos a seguir:

(16) *nhau ingi-lü u-heke umbe-pe enge-ni-mbüngü ikine eku-ni-pe*
gato ver-PNCT 1-ERG rato-NTM comer-ANMLZ-SUBS
beiju comer-ANMLZ-NTM
'eu vi o gato que comeu o rato que comeu o beiju'

Precisamos analisar a construção acima, já que não encontramos a conjunção complementizadora 'que', mas encontramos uma sequência de verbos nominalizados (verbos que viraram nomes). 'O gato que comeu o rato' é objeto do verbo 'vi', mas este objeto comprido (complexo) é dividido em duas partes: 'o gato' aparece logo antes do verbo, como manda a ordem rígida OV, e seu modificador 'que comeu o rato' vem à direita depois do verbo e de seu sujeito agente (*uheke*, 'eu' agente). O Kuikuro não gosta de objetos sintáticos pesados e, assim, numa tradução palavra por palavra, temos 'gato vi eu comedor do rato'. O verbo 'comer' (*enge*) é nominalizado pelo sufixo nominalizador agentivo *-ni*, seguido por outro sufixo *(-mbüngü)*, que chamamos de substancializador (SUBS) e cuja função é restringir a referência do 'comedor' a um 'comedor' específico. Observem um sufixo importante que aparece no final das palavras *umbepe* e *ekunipe*. Trata-se do sufixo *-pe*, glosado como 'marcador de tempo nominal' (NTM), significando uma relação que não existe mais, que existiu no passado, mas não mais no presente, uma pessoa morta, uma ferramenta que não tem mais utilidade, uma coisa cuja função não existe mais. Então, o rato é um rato-pe, que não existe mais já que foi comido, e ele tinha comido, antes de morrer, o beiju. *Ekunipe* denota, então, alguém que tinha sido o comedor do beijú. O dado (16) é, portanto, um exemplo de

62 A recursividade

construção recursiva com vários níveis de encaixe, utilizando verbos nominalizados. Vejamos, agora, outras construções recursivas no nível da oração, sem verbos nominalizados.

No exemplo (17), temos um nível de encaixe, com a oração subordinada *tuahi hanügü ihasü heke* 'a irmã dela faz esteira' selecionada pelo verbo da oração matriz (*uhunügü* 'saber'). A construção toda apresenta a ordem OVS, com objeto (O) oracional e o sujeito (*itaõ*, 'mulher') de 'saber' (verbo transitivo) marcado pela posposição *heke*, que realiza o caso ergativo.

(17) *[tuahi ha-nügü i-ha-sü heke]* *uhu-nügü* *itaõ heke*
     esteira fazer-PNCT 3-irma.mais.nova-POSS E R G
     saber-PNCT mulher ERG
     'a mulher sabe que a irmã dela (outra) faz esteira' **OVS**

Em (18), temos dois níveis de encaixe:

(18) *[[ekise itaõ heke [tuahi ha-nügü] uhu-nügü] iha-nügü*
     u-muku-gu heke]
     3. DIST mulher ERG   esteira fazer-PNCT   saber-PNCT
     contar-PNCT   1-filho-POSS ERG
     'meu filho contou que aquela mulher sabe fazer esteira'
     OVS

Finalmente, em (19) temos três níveis de encaixe:

(19) *[[[ekise itaõ heke tuahi ha-nügü uhu-nügü] iha-nügü*
     u-muku-gu heke] iha-nügü kagaiha heke]
     3.DIST mulher ERG esteira fazer-PNCT saber-PNCT
     contar-PNCT 1-filho-POSS contar-PNCT branco ERG
     'o Branco contou que meu filho contou que aquela mulher sabe fazer esteira' **OVS**

Nas duas últimas construções anteriores vemos até três níveis de encaixe sintático: o núcleo do SV da oração matriz seleciona um complemento oracional (S) que contém outro SV cujo núcleo seleciona outro complemento oracional. Para a derivação dessas construções complexas são necessárias regras de natureza recursiva.

Passamos, a seguir, para um outro tipo de construção recursiva em Kuikuro.

2.2.2.Recursividade no sintagma nominal possessivo

Vamos tratar, aqui, das construções nominais de posse recursivas, ou seja, quando uma relação de posse, ou genitiva, se encaixa em outra da mesma natureza.

Em primeiro lugar, é preciso distinguir dois tipos de nomes: inalienáveis e alienáveis. Os primeiros têm sempre um possuidor, como é o caso de nomes que denotam partes do corpo ou relações de parentesco; são nomes impensáveis sem estar numa relação com outro nome. Nomes alienáveis são aqueles que podem ter um possuidor, mas podem também não ter, como é o caso de um arco, de uma canoa, de um cinto. Alguns nomes nunca ocorrem com possuidores, como é o caso de pedra, chuva, vento. Fogo e terra, todavia, podem ser possuídos.

Os termos que denotam relações de parentesco são usados com frequência e facilidade em construções recursivas de posse, não somente entre os Kuikuro, mas também em outros povos tradicionais que vivem em comunidades onde qualquer pessoa pode traçar e reconhecer os laços de parentesco que a une às outras pessoas da comunidade e, muitas vezes, de outras comunidades vizinhas. A rede de relações de parentesco regula normas de comportamento, organiza a memória coletiva e individual, e define, de fato, conceitualmente e na prática do dia a dia, o que uma pessoa é (irmão, primo, amigo, sogro e assim em diante).

Aqui, vamos nos restringir a montar construções recursivas de posse com nomes inalienáveis que denotam relações de parentesco (alargado), passo por passo, acrescentando, aos poucos, níveis de encaixe. Não há diferença entre nomes alienáveis e nomes inalienáveis em termos de sua capacidade de entrar em construções recursivas como as que estamos para mostrar. Tomemos as palavras Kuikuro que denotam 'companheiro', 'cunhado', 'irmão mais novo', 'esposa', 'filho' e 'descendentes'. Começamos com os termos 'cunhado' e 'companheiro'. Desde já, prestemos atenção à sílaba em negrito, aquela na qual ouvimos o acento principal, a mais forte e saliente, geralmente a penúltima sílaba da palavra.

(20) *u-akongo*
1-companheiro
'meu companheiro'

(21) *u-hameti-gü*
1-cunhado-POSS
'meu cunhado'

Agora vamos mergir estas duas palavras:
(22) *u-akongo hameti-gü*
1-companheiro cunhado-POSS
'o cunhado do meu companheiro'

O acento principal ou a sílaba mais forte e saliente é agora a última da primeira palavra, *uakongo* ('companheiro'), marcando o ponto da junção entre o possuidor (companheiro) e o possuído (cunhado). O acento na palavra *uakongo* muda de posição da penúltima para a última sílaba para marcar exatamente a unidade sintática formada pela junção de 'companheiro' e 'cunhado', mas o acento secundário, mais fraco, se mantém na penúltima sílaba da palavra *hametigü*. Vejam, também, que a ordem entre possuidor e possuído é, em Kuikuro, diferente da ordem em português, mas praticamente igual à ordem do chamado 'genitivo saxônico' em inglês.

Agora vamos acrescentar a palavra 'irmão mais novo' para ele mergir com a relação 'cunhado do meu companheiro'. O acento mais forte de toda a construção continua na última sílaba de *uakongo* e acentos secundários caracterizam as penúltimas sílabas das outras duas palavras, numa escadinha de menos fraco em *hametigü* para mais fraco em *hisü*:

(23) *u-akongo hameti-gü hi-sü*
1-companheiro-POSS cunhado-POSS irmão.mais.novo-POSS
'o irmão mais novo do cunhado do meu companheiro'

Vamos proceder a mais um nível de encaixe trazendo 'esposa', outro termo de parentesco:

(24) *u-akongo hameti-gü hi-sü hi-tsü*

1-companheiro cunhado-POSS irmão.mais.novo-POSS esposa-POSS

'a esposa do irmão mais novo do cunhado do meu companheiro'

O acento mais forte de toda a construção continua na última sílaba de *uakongo* e acentos secundários caracterizam as penúltimas sílabas das outras palavras, numa escadinha de menos fraco em *hametigü* para mais fraco em *hisü* e *hitsü*:

Continuemos com um novo encaixe, agora usando o termo 'filho':

(25) *u-akongo hameti-gü hi-sü hi-tsü muku-gu*

1-companheiro cunhado-POSS irmão.mais.novo-POSS esposa-POSS filho-POSS

'o filho da esposa do irmão mais novo do cunhado do meu companheiro'

De novo, o acento principal de toda a construção permanece na última sílaba de *uakongo*, ou seja, no ponto da primeira junção entre argumento e núcleo. Este acento mais forte é então seguido por acentos mais fracos nas penúltimas sílabas das palavras que seguem.

Vamos para mais um nível de encaixe usando o termo 'descendentes' (literalmente 'brotos'):

(28) *u-akongo hameti-gü hi-sü hi-tsü muku-gu etiji-pügü*

1-companheiro cunhado-POSS irmão.mais.novo-POSS esposa-POSS broto-PRF filho-POSS esposa-POSS broto-PRF

'os descendentes do filho da esposa do irmão mais novo do cunhado do meu companheiro'

Vimos que em Kuikuro é possível e, mais do que isso, muito comum desenvolver construções de posse ou genitivas recursivas virtualmente infinitas. Qual é a diferença mais relevante das construções em português correspondentes? Nestas, a relação genitiva é dada pela preposição 'de', que se repete a cada encaixe, enquanto em Kuikuro a relação genitiva, como qualquer outra relação sintática entre núcleo e seu argumento, é dada pela mudança de acento na palavra do argumento que precede a palavra núcleo. A observação mais importante é que, em Kuikuro, a estrutura claramente recursiva de uma sequência de relações de posse, encaixadas umas nas outras, se manifesta no perfil prosódico, com um único acento principal na inteira construção, seguido por uma escadinha de acentos secundários. Em outras palavras, é importante prestar atenção ao que os linguistas chamam de prosódia, que é a melodia que caracteriza toda e qualquer construção em toda e qualquer língua, melodia onde a altura da voz faz certas sílabas serem mais salientes e outras menos salientes.

Como veremos a seguir, a prosódia é também relevante para caracterizar relações de encaixe de orações adjetivas na língua Karajá.

2.3. Karajá

2.3.1. Recursividade em sintagmas posposicionais locativos

Encontramos, na língua Karajá, construções recursivas. Os exemplos (29) e (30) ilustram, respectivamente uma estrutura de coordenação e uma estrutura hierárquica de auto-encaixe, em que Sintagmas Posposicionais são mergidos direta e indiretamente:

(29) *orera   byre-tyreki   ijõdire ijõ   myna-tyreki   ijõ*
ynyra-tyreki
jacaré   esteira-sobre tem   outro   pedra-sobre outro
areia-sobre
'Tem jacaré sobre a esteira, sobre a pedra, sobre a areia'

(30) *orera ijõdire byre-tyreki myna-tyreki ynyra-tyreki*
jacaré tem   esteira-sobre pedra-sobre areia-sobre
'Tem jacaré na esteira na pedra na areia'

Note-se que em (29) são enumerados três jacarés, um sobre a esteira, outro sobre a pedra, um terceiro sobre a areia, conforme ilustrado pela figura 1:

Figura 1: Interpretação da recursividade direta

Já na construção de recursividade indireta em (30), há apenas um único jacaré que se encontra sobre a esteira, que está sobre a pedra, que está na areia, como ilustrado na figura 2:

Figura 2: Interpretação da recursividade indireta

2.3.2. Recursividade no encaixe de orações relativas através da prosódia

Os processos de recursividade direta e indireta estão disponíveis na Gramática Universal e devem ser, portanto, encontrados em todas as línguas humanas. As línguas podem, no entanto, diferir quanto aos processos gramaticais específicos utilizados para instanciar a recursividade. Em inglês, por exemplo, há uma construção recursiva com o caso possessivo ('s), que não ocorre em português:

(31) *John's sister's friend's aunt*
'A tia do amigo da irmã de John'

Obviamente, o fato de que não dispomos de uma construção com caso possessivo em português não pode ser tomado como argumento para afirmar que não temos recursividade em português, pois esta operação está presente em outras construções gramaticais da língua. Além disso, o fato de que construções recursivas indiretas possam ser difíceis de processar não significa que não estejam disponíveis na gramática da língua, não se devendo, como vimos no capítulo *A Gramática Universal*, confundir competência e desempenho. Pode haver, por outro lado, nas línguas humanas, construções pouco comuns, mas que instanciam a operação recursiva, como vimos no caso da língua Kuikuro, que usa a prosódia para demarcar construções complexas como recursivas. Em Karajá, por outro lado, a prosódia permite identificar as orações adjetivas pelo deslocamento do acento tônico, podendo, assim, implementar construções recursivas indiretas[2]. Conforme descrito orginalmente em Ribeiro (2006), as orações adjetivas ou relativas na língua Karajá são construídas pelo deslocamento do acento na palavra verbal. Assim, comparem-se as frases em (32) e (33) na língua Karajá:

(32) *Tori dorode*
'Branco chegou'

(33) *Tori dorode...*
'Branco (que) chegou...'

A frase (32) é pronunciada com o acento tônico na sílaba **ro**, do verbo, enquanto que na frase (33), a sílaba tônica é deslocada para **de**, a sílaba seguinte do verbo. A oração no exemplo (32) é declarativa, enquanto que a oração em (33) é adjetiva ou relativa, devendo ser continuada como em (34):

(34) *Tori dorode resera*
Branco (que) chegou caiu
'O branco que chegou caiu'

A operação gramatical de encaixe de orações relativas através do recurso prosódico do deslocamento do acento pode reaplicar-se sucessivamente, conforme previsto pela Gramática Universal, constituindo construções recursivas indiretas. O exemplo (35), a seguir, ilustra o encaixe recursivo indireto de três orações adjetivas, na língua Karajá:

(35) *Waxidu òdema'hi rimy'ra wery'ry riòhe'ra be'ra-ò ralo'ra kaki ridò'ròra.*

Pescador caranguejo (que) pegou rapaz (que) cortou rio-para (que) entrou aqui encostou

'O pescador que pegou o caranguejo que cortou o rapaz que entrou no rio, encostou (a canoa) aqui'

Observe que em (35) há encaixe sucessivo das orações. A oração *òdema'hi rimy'ra* 'que pegou o caranguejo' encaixa centralmente na oração principal *Waxidu ___ kaki ridò'ròra* 'O pescador encostou (a canoa)'. Por sua vez, a oração *wery'ry riòhe'ra* 'que mordeu o rapaz' encaixa na oração relativa *òdema'hi rimy'ra*, adjetivando òdema 'o caranguejo'. Finalmente, *weryry* 'o rapaz' é também adjetivado oracionalmente pela oração relativa *bera-ò ralora* 'que entrou no rio'. Esses encaixes relativos são todos codificados em Karajá pelo deslocamento do acento tônico do verbo da raiz para a sílaba subsequente, que indica o tempo da ação verbal. Assim, resumindo, indicamos a seguir as orações declarativas e suas respectivas relativizações em Karajá, pelo deslocamento do acento tônico:

(36)
    a. *òdema'hi rimyra* > *òdema'hi rimy'ra*
         caranguejo pegou   caranguejo pegou (que)
         "pegou caranguejo"   "que pegou caranguejo"

    b. *wery'ry riòhera* > *wery'ry riòhe'ra*
         rapaz cortou   rapaz cortou (que)
         "cortou o rapaz"   "que cortou o rapaz"

    c. *bera-ò ralora* > *bera-ò ralo'ra*
         rio-para entrou   rio para entrou (que)
         "entrou no rio"   "que entrou no rio"

70   A recursividade

Naturalmente, a recursividade direta, que justapõe orações declarativas, sem encaixe relativizador, também é possível em Karajá. Neste caso, como seria de se esperar, o acento permanece na raiz, não se deslocando. É o que se exemplifica em (37):

(37) *waxidu òdemahi rimyra, òdemahi weryry riohera, weryry bera-ò ralora tii kaki hawò ridorora*
pescador caranguejo pegou caranguejo rapaz cortou rio-para entrou ele aqui canoa encostou
'O pescador pegou um caranguejo, o caranguejo cortou o rapaz, o rapaz entrou no rio, ele encostou a canoa aqui'

Finalmente, pode-se observar que, tanto em Karajá, quanto em Português, a recursividade indireta parece ser mais difícil de interpretar do que a direta. Comparemos, por exemplo, as duas glosas de (35) e (37) em português:

(38)   O pescador que pegou o caranguejo que mordeu o rapaz que entrou no rio, encostou (a canoa) aqui

(39)   O pescador pegou um caranguejo, o caranguejo cortou o rapaz, o rapaz entrou no rio, ele encostou a canoa aqui"

A glosa em (39) não parece, de fato, mais simples de interpretar do que a glosa em (38)? Pesquisas feitas em Maia (2016) e Maia et alii (2017) atestam que, tanto em português, quanto em Karajá, as construções recursivas indiretas são mais custosas para processar do que as construções recursivas diretas. Essa diferença de desempenho, no entanto, não inviabiliza que as construções recursivas indiretas ocorram na gramática das línguas, embora, sendo mais difíceis, tendam a ocorrer com menos frequência na fala espontânea.

2.4. Recursividade em Paumari

Nesta seção, apresentamos evidências para a existência de construções recursivas em Paumari. Através de um teste de elicitação de estruturas possessivas aplicado junto a um falante nativo[3], foi possível constatar a ocorrência de recursividade nesse domínio[4].

Para se compreender melhor a manifestação da recursividade no nível possessivo, é necessário fazer algumas observações sobre a natureza deste tipo de construção na língua.

(iii) Os sintagmas possessivos

Em Paumari, o sintagma possessivo apresenta a ordem Possuidor-Possuído (SN-N), já que a língua é do tipo núcleo final. A relação de posse é marcada de dois modos, de acordo com as observações de Chapman & Derbyshire (1991:256). Para a expressão de posse alienável[5], são empregados pronomes possessivos e, caso o possuidor seja realizado como um SN, o prefixo *ka-* é agregado ao núcleo:

(40) *Kodi-hado*
      1SG.POSS-faca
      'Minha faca'   (Chapman & Derbyshire: 202)

(41) *Paulo **ka**-isai*
      Paulo POSS-criança
      'O filho de Paulo'   (Chapman & Derbyshire: 169)

Em contextos de posse inalienável, os prefixos possessivos utilizados são os mesmos empregados para a expressão de concordância verbal com o sujeito. Se o possuidor for expresso por um SN, a marca de posse tem realização abstrata (Ø) no núcleo nominal. Alguns nomes possuídos recebem sufixos de gênero (*ni/na*) que concordam com o possuidor:

(42) *o-gora-na*
      1SG-casa-M
      'Minha casa'

(43) *Gamo Ø-morobo-**ni***
      mulher 3-orelha-F
      'A orelha da mulher' (Chapman & Derbyshire: 255)

72 A recursividade

2.4.1. A recursividade no domínio da posse

Em construções possessivas, verifica-se a aplicação de regras recursivas do tipo indireto, em que um sintagma possessivo é introduzido pelo núcleo de um sintagma nominal. As construções possessivas elicitadas mostram a ocorrência de dois e de três níveis de encaixamento de sintagmas possessivos, como é possível conferir nos exemplos a seguir:

(44) *Pedro **ka**-hado*
Pedro POSS- faca
'A faca de Pedro'

(45) *Pedro **ka**-abi'i **ka**-hado*
Pedro POSS-pai POSS-faca
'A faca do pai do Pedro'

(46) *Pedro **ka**-abi'i   **ka**-va'ahi   **ka**-hado*
Pedro POSS-pai POSS-amigo POSS-faca
'A faca do amigo do pai do Pedro'

(47) *Raimunda **ka**-bakatha **ka**-kachave-**ni** **ka**-nokho-**ni***
Raimunda POSS-porta POSS-chave-F POSS-ponta-F
'A ponta da chave da porta da Raimunda'

Note-se em (45)-(47) que, para cada nível de encaixe, há um morfema marcando uma relação de posse distinta. Observe ainda no dado em (47), a ocorrência de nomes que admitem sufixos de gênero. "Ponta" ocorre com o sufixo feminino porque "chave" é do gênero feminino ("a ponta de chave"). O mesmo ocorre com o nome "porta" que engatilha o sufixo de gênero –*ni* porque também pertence ao gênero feminino na língua ("chave da porta").

Foi possível também observar até quatro níveis de encaixamento de sintagmas possessivos, como se pode constatar em (48). Observe que em (48), a concordância de gênero feminino é engatilhada pela possuidora *Gisi*. Compare (48) com (42) em que o gênero sufixado ao nome "casa" está na forma masculina porque o falante é um homem.

A recursividade 73

Em (49), como o possuidor de "casa" é o nome "marido", a forma de gênero escolhida é –*na*. O mesmo padrão se repete em (50) e (51), porque "família", termo emprestado do português, também pertence ao gênero masculino na língua, o que justifica a forma: -*gora-na*:

(48) *Gisi Ø-gora-ni*
Gisi-POSS-cas-F
'A casa de Gisi'

(49) *Gisi ka- makhira Ø-gora-na*
*Gi*si POSS-marido POSS-casa-M
'A casa do marido de Gisi'

(50) *Gisi ka-makhira ka-família Ø-gora-na*
Gisi POSS-marido POSS-família POSS-casa-M
'A casa da família do marido da Gisi'

(51) *Gisi ka-makhira ka-abií ka-família Ø-gora-na*
*Gi*si POSS-marido POSS-pai POSS-família POSS-casa-M
'A casa da família do pai do marido de Gisi'

Como observado neste capítulo, qualquer língua natural manifesta recursividade, pelo menos, em algum domínio de sua gramática. O Paumari não foge à regra e apresenta construções equivalentes às do Guarani Mbyá no domínio possessivo.

2.5. Conclusões

Neste capítulo, vimos que a propriedade básica da recursividade pode ser expressa nas línguas de diferentes formas. Em Guarani e em Tupinambá analisaram-se construções possessivas recursivas identificadas pelo morfema possessivo -*r*/Ø, com até quatro níveis de encaixe. Em Guarani, identificaram-se também construções oracionais recursivas com até três níveis de encaixe. Em Guarani e em Tupinambá, analisou-se a ocorrência de dois níveis de encaixamento nas construções com incorporação verbal. Em Kuikuro, analisaram-se construções recursivas com vários níveis de encaixe, utilizando verbos nominalizados e não nominalizados. Vimos também, nessa língua, construções recursivas com Sintagmas Nominais Possessivos, em que se identificam mudanças na pauta acentual.

Em Karajá, o deslocamento do acento tônico também codifica construções relativas com vários níveis de encaixe. Vimos ainda nessa língua, construções recursivas com Sintagmas Posposicionais.

Em Paumari, analisaram-se, finalmente, construções recursivas de posse.

Podemos, então, fechar esta seção, com duas conclusões importantes:

(i) A recursividade é propriedade básica universal, podendo ser instanciada nas diferentes línguas por uma grande variedade de processos gramaticais;

(ii) A prosódia pode ter um papel importante na construção de encaixes. Em Kuikuro, um único pico acentual assinala uma construção sintática internamente complexa. Em Karajá, mostra-se um processo pouco usual de realizar encaixe hierárquico de orações relativas, que são codificadas através do deslocamento do acento tônico, podendo ser instanciadas recursivamente;

(iii) As línguas devem ser adequadamente estudadas antes de se fazerem afirmações fortes sobre a inexistência de processos recursivos, uma vez que há uma grande variedade, ainda pouco conhecida, de construções gramaticais recursivas.

2.6. Exercícios

1. Tente montar a estrutura recursiva em Kuikuro com as palavras *hüati* (pajé), *mu* (filho), *tahaku* (arco), *ija* ('corda'), para chegar à construção 'corda do arco do filho do pajé'. Não esqueça do sufixo de posse (POSS) e que não tem artigos em Kuikuro.

2. Transforme a frase declarativa em relativa, segundo o que aprendeu sobre a língua Karajá:

    (a) *Hãbu rehe'mynyra* > _____ "O homem chegou > o homem que chegou"

A recursividade 75

(b) *Ijadoma rawi'nyra* > _____ "A moça cantou > a moça que cantou"

(c) *Õri bemy re'õra* > _____ "A anta bebeu água > a anta que bebeu água

3. Recursividade em Paumari

(a) Vamos gerar construções possessivas recursivas em Paumari? Para tal, consulte a seção 2.4 deste capítulo e o vocabulário a seguir. Não se esqueça de adaptar a forma da concordância, quando necessário:

Vocabulário

Tradução	Palavra Paumari	prefixo de posse	concordância
(i) casa=	gora	Ø-	-ni/na
(ii) Faca=	hado	ka-	_____
(iii) orelha=	morobo	Ø-	-ni/na
(iv) pai=	abi' i	ka-	_____
(v) marido=	makhira	ka-	_____
(vi) amigo=	va' ahi	ka	_____
(vii) mulher	gamo	ka-	_____

(b) Passe para o Paumari as seguintes construções possessivas do português:

1. A orelha da mulher do amigo da Gisi.

_____
_____

2. A casa do pai do amigo do marido da Raimunda.

_____
_____

3. A faca do amigo do pai da mulher de Pedro.

_____
_____

4. A orelha do pai do amigo do marido da Raimunda.

_____

_____

5. A casa da mulher do pai do amigo do marido de Gisi.

_____

_____

---

[1] O marcador de oração dependente pode ser omitido

[2] Também em Kuikuro a prosódia é a chave para a interpretação de estruturas recursivas em sintagmas (nominal e posposicional).

[3] Agradecemos à antropóloga Oiara Bonilla que, gentilmente, fez a ponte de contato entre o informante Paumari e a autora desta seção. Sem a ajuda de Bonilla, não teria sido possível coletar os dados aqui apresentados. Também agradecemos ao consultor Paumari por ter aceitado participar desta pesquisa.

[4] Não foram testados outros domínios da gramática Paumari em que a recursividade é atestada em outras línguas, tais como: orações complemento, sintagmas posposicionados, compostos etc.

[5] A posse alienável abrange objetos e utensílios. A posse inalienável se refere a partes do corpo, termos de parentesco e objetos culturais, tais como "casa", "cocar", "tapete" etc. Em Paumari, os termos de parentesco não são tratados como posse inalienável, como nos mostram os exemplos (2), (6) e outros.

3. ORDEM DE CONSTITUINTES

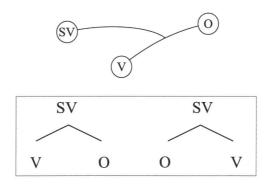

Além da recursividade, outra questão fundamental das línguas humanas é a ordem dos constituintes ou sintagmas. Todas as línguas são orais, ou seja, são antes de tudo faladas. Isto significa que as palavras se seguem umas às outras, na chamada cadeia linear da fala. Se não fôssemos obrigados a pronunciar na fala o que temos em mente, os constituintes poderiam não ser linearizados, como representados, digamos, em um móbile de Calder, tridimensional. Por outro lado, a fala ou vocalização obriga a linearização. Assim, ao contrário do que acontece em uma imagem, em que vários objetos podem ser representados simultaneamente, nas línguas, há um imperativo de linearização, não se podendo pronunciar uma palavra sobreposta a outra. Como já revisamos no capítulo *A Gramática Universal*, todas as línguas são assim.

No presente capítulo veremos como as línguas indígenas estudadas neste livro se comportam no que diz respeito à posição dos núcleos com relação ao seu complemento. Vamos falar também, mesmo se brevemente, da ordem de constituintes – harmônica ou desarmônica - em diferentes tipos de construções sintagmáticas, incluindo as orações, entendidas como sintagmas flexionais.

3.1. Guarani Mbyá e Tupinambá

O Guarani Mbyá e o Tupinambá são línguas que apresentam construções não-harmônicas em termos da posição de seus núcleos: na maioria dos domínios, os sintagmas exibem núcleo final, mas em outros, são de núcleo inicial. Assim, apesar de a maioria dos seus sintagmas apresentarem núcleo final, alguns deles, como o SV e o SC, são do tipo núcleo inicial, como mostramos a seguir.

3.1.1. Os sintagmas lexicais

No nível lexical, o Mbyá Guarani e o Tupinambá apresentam sintagmas com núcleo final, com exceção do SV, cujo núcleo pode ser final ou inicial. Vejamos como são as ordens em cada tipo de sintagma. **(i) O Sintagma Posposicional (SP):** Como o núcleo do SP fica à direita de seu complemento, essas línguas possuem posposições, ao invés de preposições:

Mbyá Guarani

(1)   *kunha **pyri***
mulher com
'com a mulher'

(2)   *tekoa **gui***
aldeia de
'da aldeia'

Tupinambá

(3)   *nde r-uba   **pe***
2POSS POSS-pai para
'para o seu pai'   (Lemos Barbosa: 74)

(4)   *kó r-**upi***
roça POSS-por
'pela roça'   (Lemos Barbosa: 237)

(5) mostra a representação do SP em Guarani Mbyá, exemplificado em (7):

(5)

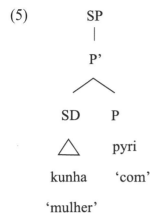

(ii) O sintagma nominal (SN): Os sintagmas nominais com núcleos deverbais, isto é, com nomes derivados de verbos transitivos, também são do tipo núcleo final, conforme ilustram os dados a seguir e a representação de (6) em (8):

Guarani Mbyá
(6)   *oo*   ***apo-a***
      casa construir-NMLZ
      'a construção da casa'

Tupinambá
(7)   *nheenga*   ***kuap-ara***
      fala/língua   conhecer-NMLZ
      'conhecedor da língua'   (Lemos Barbosa: 262)

(8)

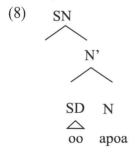

Nos sintagmas genitivos (possessivos), o núcleo nominal também ocorre à direita do sintagma com interpretação de possuidor, o seu complemento estrutural, como indicam os exemplos a seguir e a representação de (11) em (13):

Guarani Mbyá

(9) Poty **r-o**
     Poty POSS-casa
     'A casa de Poty'

Tupinambá

(10) paîé   Ø-**kysé**
     pajé   POSS-faca
     'a faca do pajé'   (Lemos Barbosa: 78)

(11)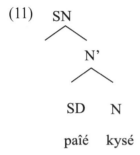

(iii) O sintagma verbal (SV): Nos contextos pragmaticamente neutros, a ordem oracional do Guarani é SOV ou SVO. Esses dois tipos de ordem oracional parecem ter sido também os mais usados entre os falantes do Tupinambá, de acordo com os textos investigados por nós. A manifestação tanto de SOV quanto de SVO indica que o SV pode ter núcleo final ou núcleo inicial. Assim como os outros sintagmas lexicais, os SVs têm núcleo final, pois os seus núcleos se posicionam à direita de seus complementos, gerando a ordem OV, conforme ilustram os dados (12) e (13):

Guarani Mbyá

(12) ava   [oo   o-**japo**]   S[OV]
     homem casa 3-fazer
     'o homem fez a casa'

Tupinambá

(13) tobiara   [xe anama   o-îuká]   S[OV]
     inimigo   1POSS parente 3-matar
     'o inimigo matou meu parente'   (Lemos Barbosa: 70)

A ordem dentro do SV também pode ser núcleo inicial nas duas línguas, o que gera o padrão VO, como mostram (14) e (15). O posicionamento do núcleo à direita não interfere na interpretação das sentenças:

Guarani Mbyá
(14) *ava [o-japo oo]*   S[VO]
homem 3-fazer casa
'o homem fez a casa'

Tupinambá
(15) *ybytu   [o-î-monguî ybá]*   S[VO]
vento   3-3-derrubar árvore
'o vento derrubou a árvore'

(16) representa o SV com núcleo inicial em (14):
(16)

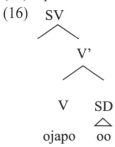

Atualmente, em Mbyá Guarani os dois padrões de ordem - OV e VO - coexistem, sendo este último preferido pelos falantes mais jovens. Talvez, a manifestação de VO seja uma influência do Português nas duas línguas. Quando o verbo seleciona um complemento oracional, este só ocorre à sua direita, conforme ilustram os exemplos a seguir. O núcleo do SV com verbos desse tipo também é inicial:

Guarani Mbyá
(17) *Altino o-mombe'u [mboi o-ixuu jagua]*   VO
Altino 3-contar   cobra 3-morder cachorro
'O Altino contou (que) a cobra mordeu o cachorro'

(18) *Tupã xe-rexa [pira a-'u ramo]*   VO
Tupã 1SG-POSS-ver peixe 1SG-comer DEP
'Tupã me viu comendo peixe'

82 Ordem de constituintes

<u>Tupinambá</u>

(19) *a-î-potar [nde i kuab-a]* VO
1SG-3-querer 2SG 3 saber-DEP
'quero que o saibas' (Lemos Barbosa: 150)

Essas línguas admitem outros tipos de ordem oracional, como evidenciam os dados do Tupinambá a seguir. Nesses casos, porém, o que rege a alternância de ordem é a natureza informacional da sentença e não o parâmetro da ordem. Essas diferentes posições que os constituintes oracionais podem acabar ocupando em Tupinambá são derivadas de movimento sintático para efeitos de focalização ou de topicalização, como veremos em maior detalhe no capítulo *A Periferia Esquerda*:

(20)

a. *Pindobusu o-s-epîak Paranã* SVO
Pindobuçu 3-3-ver mar
b. *Pindobusu Paranã o-s-epîak* SOV
c. *Paranã Pindobusu o-s-epîak* OSV
d. *o-s-epîak Paranã Pindobusu* VOS
'Pindobuçu viu o mar'

3.1.2. Os sintagmas funcionais

No nível dos Sintagmas Funcionais, se observa, também, variação quanto à posição dos núcleos, conforme veremos a seguir:

(iv) O sintagma determinante (SD): Não há artigos definidos ou indefinidos nas línguas aqui descritas. Os quantificadores têm natureza adverbial. O único grupo de morfemas que se pode identificar como pertencente à categoria dos determinantes é o dos demonstrativos. Estes se posicionam à esquerda dos nomes que modificam. Dessa maneira, nesse tipo de sintagma, tem-se a manifestação de núcleo inicial:

<u>Guarani Mbyá</u>

(21) *peva'e jagua*
aquele cachorro

<u>Tupinambá</u>

(22) *kó abá*
este homem (Lemos Barbosa: 55)

(v) O sintagma flexional (SF): Os núcleos funcionais que fazem parte da morfologia verbal do Guarani Mbyá e do Tupinambá são: Tempo (futuro), Aspecto, Modo (desiderativo) e Negação. Todos esses núcleos são expressos na forma de afixos verbais apenas. Como é observada a manifestação de vários constituintes à esquerda e à direita dos verbos flexionados, não nos foi possível até o presente momento assegurar se os núcleos dessas projeções se encontram à direita ou à esquerda do SV. Existem, porém, três classes restritas de verbos (os posicionais, os de movimento e os de estado) que, ao serem inseridos na oração, conferem uma interpretação de aspecto contínuo. Estes verbos se posicionam sempre à direita dos verbos lexicais, como mostram os dados a seguir:

Guarani Mbyá
(23) kunha   [kya o-japo *o-iny*]
     mulher   cesto 3-fazer 3-sentar
     'a mulher está fazendo cesto (sentada)'

Tupinambá
(24) [o-nheeng *o-ina*]
     3-falar   3-sentada
     'Ele está falando (sentado)'   (Lemos Barbosa: 361)

Sugere-se aqui que esse grupo de verbos que indica continuidade de ação é gerado no núcleo da projeção de Aspecto que se encontra à direita do SV, o seu complemento estrutural, como mostra a representação de (23) em (25):

(25)

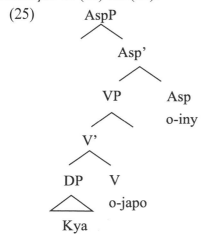

(vi) O sintagma complementizador (SC): o Sintagma Complementizador apresenta o seu núcleo à esquerda do SF. Quais seriam as evidências para tal afirmação? A ocorrência da partícula interrogativa à esquerda do sujeito nas interrogativas de objeto:

Guarani Mbyá
(26)
    a. *Ndee pa re-'u*
       Você Q 2SG-comer
       'Você comeu?"
    b. *Re-'u pa ndee*
       2SG-comer Q você
       'Comeu você?'

Tupinambá
(27) *o-bebé pe gûyra*
     3-voar Q pássaro
     'Voou o pássaro?   (Lemos Barbosa: 79)

O fato de que a partícula interrogativa se posiciona à esquerda da oração nos leva a postular a seguinte representação para as perguntas QU- acima onde se verifica um SC com núcleo inicial:

(28)

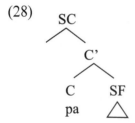

Com base nos dados apresentados nesta seção, foi possível observar que o Mbyá Guarani e o Tupinambá são línguas não totalmente consistentes em termos da direção do parâmetro do núcleo. Embora a maioria dos sintagmas seja do tipo núcleo final (SN, SP, SAsp), existem outros sintagmas que são do tipo núcleo inicial: SD e SC. Já o SV se manifesta tanto como núcleo final, quanto como núcleo inicial. O quadro a seguir visualiza as opções paramétricas do Guarani Mbyá e do Tupinambá:

Quadro 1 – Opções paramétricas do Guarani Mbyá e do Tupinambá

Domínio Lexical	Núcleo final	Núcleo inicial
SN	+	-
SP	+	-
SV	+	+
Domínio funcional	Núcleo final	Núcleo inicial
SD	-	+
SF	+	-
SC	-	+

3.2 Kuikuro

O Kuikuro é também uma língua de núcleo final, mas, como em outras línguas da família karib, a predominância do núcleo final não exclui construções desarmônicas, de núcleo inicial. A maioria dos sintagmas é do tipo núcleo final (SN, SP, SV, SAsp), mas SD e SC são sintagmas do tipo núcleo inicial.

3.2.1 Os sintagmas lexicais

Em Kuikuro, todos os sintagmas lexicais são de núcleo final e se caracterizam pela junção fonológica do núcleo e seu argumento, formando uma unidade fonológica, com ordem interna rígida e que não pode ser desfeita inserindo elementos entre eles.

(i) O sintagma posposicional: A grande maioria das línguas indígenas, como as consideradas neste livro, apresentam posposições, não preposições, ou seja, nos sintagmas posposicionais o núcleo ocorre à direita do seu complemento/argumento. Em Kuikuro, as posposições podem ser sufixos, como nos exemplos (29), ou formam uma palavra fonológica com o seu argumento, como em (30):

(29) *u-itu-te*
      1-aldeia-LOC
      'na aldeia'

(30) *itaõ ake*
mulher com
'com a mulher'

A estrutura em (31) representa o exemplo (30):

(31)
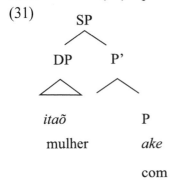

(ii) O sintagma nominal: Tomemos o caso dos sintagmas possessivos, que, sem exceção, manifestam núcleo à direita (final). Em outras palavras, diferentemente do português, o possuidor ocorre sempre à esquerda do possuído:

(32) *anetü ehu-gu*
chefe canoa-POSS
'canoa do chefe'

Em (33) representamos a estrutura do exemplo (32):

(33)
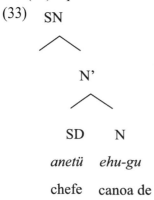

São de núcleo final também os sintagmas nominais cujo núcleo é um nome derivado de verbo, como *uhutinhi*, uma nominalização (agentiva) do verbo *uhu*, 'saber, conhecer':

(34) *kagaiha   aki-sü   uhu-tinhi*
     branco   palavra-POSS   saber-ANMLZ
     'conhecedor da língua do Branco'

(iii) O sintagma verbal (SV): Assim como acontece com os outros sintagmas lexicais, os SVs têm sempre núcleo final, ou seja, à direita de seus complementos, gerando a ordem OV, conforme vemos nos dados a seguir. O Sintagma Verbal é também caracterizado pela junção fonológica entre complemento e verbo. Lembramos que, quando falamos de complementos do verbo, estamos nos referindo aos argumentos internos do verbo, que, em Kuikuro, são o argumento único do verbo intransitivo, como *kangamuke* em (35), e o argumento objeto do verbo transitivo, como *kuigi* em (36), representado em (37):

(35) *[kangamuke   atsaku-tagü]*   SV
     criança   correr-DUR
     'a criança está correndo'

(36) *[kuigi ipoiN-tsagü]*   *itaõ heke*   OVS
     mandioca carregar-DUR   mulher ERG
     'a mulher está carregando mandioca'

(37)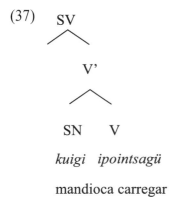

88   Ordem de constituintes

Observe-se que nas frases em (35) e (36), o Sintagma Verbal tem núcleo final, já que em (35) o verbo ('está correndo') vem logo depois do seu argumento interno e na frase (36) o mesmo se dá com o verbo *ipointsagü* 'está carregando'. Nada pode quebrar a unidade de argumento interno e verbo. Compare-se (35) e (36) com as construções não gramaticais (38) e (39), onde colocamos a partícula aspectual completiva *leha*, traduzida em português com 'já', entre o complemento/ argumento e o verbo/núcleo:

(38)   *[kangamuke leha   atsaku-tagü]*
     criança   COMPL   correr-DUR
     'a criança já está correndo'

(39)   *[kuigi   leha   ipoiN-tsagü]   itaõ heke*
     mandioca COMPL   carregar-DUR mulher ERG
     'a mulher já está carregando mandioca'

Já o argumento externo do verbo transitivo é um constituinte por si, um sintagma posposicional, onde a posposição *heke* marca o agente ou causa (externa) de uma ação transitiva, como [*itaõ heke*] em (36), frase que ilustra a ordem OVS, básica e neutra do ponto de vista pragmático, para uma oração com verbo transitivo. Contudo, o constituinte cujo núcleo é a posposição *heke* pode ocorrer antes do sintagma verbal, como qualquer outro constituinte em posição de foco ou de tópico, alocados, como veremos no capítulo *A Periferia Esquerda sa Otação*, ou seja, na camada complementizadora. Compare-se (36) acima com (40) a seguir:

(40)   *itaõ heke   (ese-i)   [kuigi   ipoiN-tsagü]*
     mulher ERG   (3.PROX-COP)   mandioca carregar-DUR
     'é (esta) mulher (que) está carregando mandioca'

Vimos nos exemplos em (35) e (36) que a ordem dos constituintes na oração é, sem exceção, SV quando o verbo é intransitivo e OVS quando o verbo é transitivo. Lembramos que o Kuikuro é uma língua ergativa, onde o sujeito de um verbo intransitivo e o objeto de um verbo transitivo se comportam da mesma maneira, ambos como argumentos internos (V, SV), enquanto o sujeito de verbo transitivo aparece marcado por *heke*, ou, melhor, aparece como complemento em um sintagma nucleado pela posposição *heke*. A estrutura básica de uma frase com verbo transitivo em Kuikuro se assemelha à estrutura de uma oração passiva em Português, onde o agente aparece como complemento da preposição 'por', como em: 'a mandioca está sendo carregada pela mulher'. A diferença maior é que em Kuikuro o Sintagma Posposicional *heke* é, de fato, o sujeito do verbo, como evidenciado pelo controle do argumento interno reflexivo:

(41) *tü-mu-gu   ipoiN-jü leha itaõ heke*   OVS
REFL-filho-POSS carregar-PNCT COMPL mulher ERG
'a mulher já carregou o seu próprio filho'

O Kuikuro é uma das línguas da família karib que revelaram ao mundo a existência de línguas com ordem OVS (Derbyshire, 1977), considerada impossível por Joseph Greenberg (1963), o primeiro linguista interessado em sistematizar dados de muitas línguas do mundo para estabelecer universais tipológicos e que descreveu padrões de ordem harmônicos e desarmônicos possíveis numa mesma língua. É um fato, contudo, que as línguas com ordem básica OVS são extremamente raras (*The World Atlas of Language Structures,WALS*; Dryer (2008)). De qualquer maneira, fica claro que o Kuikuro é uma língua dominantemente OV, com padrões desarmônicos (núcleo inicial) somente nos domínios do Sintagma Determinante e do Sintagma Complementizador.

3.2.2. Os sintagmas funcionais

(iv) O Sintagma Determinante (SD): Como vimos para o Mbyá e para o Tupinambá, o Kuikuro também não apresenta artigos (determinativos ou indeterminativos), mas podemos considerar os demonstrativos como núcleos do Sintagma Determinante. Observamos algo interessante, ilustrado nos exemplos a seguir: o núcleo do SD pode ocorrer tanto à esquerda como à direita do nome, de modo que as duas ordens são igualmente possíveis, sem diferenças de significado ou de preferência por parte dos falantes.

(42) *ese tahitse / tahitse ese*
3.PROX arara / arara 3.PROX
'esta arara'

(43) ege üne / üne ege
D.DIST casa / casa D.DIST
'aquela casa'

(v) O sintagma flexional (SF): Os núcleos funcionais que fazem parte da flexão ou morfologia verbal do Kuikuro são: Tempo (Futuro), Aspecto (Pontual, Durativo, Perfectivo, Completivo), Modo (Futuro Iminente/Intencional, Habitual, Imperativo, Hortativo) e Negação. A grande maioria desses núcleos são expressos na forma de sufixos verbais, outros, poucos, como enclíticos (clíticos à direita), o que revela que os sintagmas flexionais são de núcleo final. Quero mostrar para o leitor a frase (44), porque nela temos tanto o sufixo verbal de aspecto (-nügü, aspecto pontual, uma ação ou um evento visto como um instante, um ponto no tempo) e, cliticizado à direita, o morfema kilü, que indica o tempo passado remoto ou distante. A estrutura da frase (44) está em (45).

(44) ehu emü-nügü=kilü
canoa afundar-PNCT=PST
'a canoa afundou (faz tempo)'

(45)

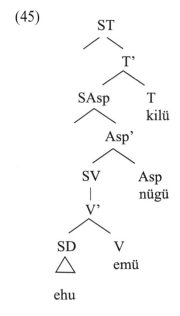

(vi) O sintagma complementizador (SC): o Sintagma Complementizador apresenta o seu núcleo à esquerda do Sintagma Flexional (SF).
Ele é consistentemente um sintagma de núcleo inicial, manifestando,
assim, uma ordem oposta àquela que vimos predominar nos sintagmas
lexicais e no sintagma flexional. A ocorrência da partícula interrogativa
QU à esquerda do sujeito nas interrogativas de objeto é evidência disso:

    (46) *tü=ma   kangamuke   ng-enge-lü-i*
          Q-DUB criança   O-comer-PNCT-COP
          'o que a criança comeu?'

       Falaremos mais da estrutura da camada complementizadora (SC)
no capítulo *A Periferia Esquerda da Oração*.

       Resumindo, o Kuikuro, assim como outras línguas da família karib,
é uma língua em que o parâmetro do núcleo é final, predominantemente.
Se a maioria dos sintagmas segue o padrão núcleo final (todos os lexicais
e o flexional), o Sintagma Complementizador segue o padrão núcleo
inicial (SC) e o Sintagma Determinante oscila entre os dois padrões.
Sintetizamos os fatos relativos à ordem de constituintes em Kuikuro no
quadro a seguir:

Quadro 2 – Opções paramétricas do Kuikuro

Domínio lexical	Núcleo final	Núcleo inicial
SN (NP)	+	-
SP (PP)	+	-
SV (VP)	+	-
Domínio funcional	**Núcleo final**	**Núcleo inicial**
SD (DP)	+	+
SF (IP)	+	-
SC (CP)	-	+

3.3. Karajá

3.3.1. Sintagmas lexicais

A língua Karajá é predominantemente de núcleo final. Nos sintagmas lexicais, o adjetivo apresenta ordem desarmônica, embora, como veremos adiante, as construções adjetivais possam ser analisadas como verbos estativos. Por outro lado, as construções com quantificadores apresentam o núcleo nominal em posição inicial. Nas relações de posse ou de parte-todo, também conhecidas como construções genitivas, há, no entanto, harmonia com o padrão de núcleo final. Assim, nessas construções, o núcleo nominal é consistentemente final, como indicado no diagrama representado em (51), que ilustra a análise do exemplo (50).

(47) *helyrè wa*
    pato pé
    'pé do pato'

(48) *hawyy behyra*
    mulher mochila
    'mochila da mulher'

(49) *wa-biòwa heto*
    meu amigo casa
    'casa do meu amigo'

(50) *Karirama hawò*
    Karirama canoa
    'canoa de Karirama'

(51)
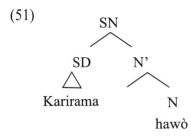

Em construções com nome próprio e nome comum de lugar, o nome próprio precede o comum, que é o núcleo final:

(52) *Kanoano hawa*
Canoanã aldeia
'aldeia Canoanã'

(53) *Kotixakò ijoti*
Kotixakò barreira
'barreira Kotixakò'

(i) sintagma posposicional, como ilustrado em (54) e em (55), na língua Karajá as adposições se seguem ao nome, ou seja, são posposições:

(54) *kua weryrybo i-heto-ò rare*
aquele rapaz 3-casa-**para** foi
'aquele rapaz foi para a casa dele'

(55) *wa-biòwa hawahaky-ràbi rehemynyra*
1–amigo cidade-de chegou
'meu amigo chegou da cidade'

(ii) O sintagma verbal: Em uma língua de núcleo inicial, como o português, a ordem básica entre o verbo e o objeto é VO, há preposições e a ordem básica nas relações de posse costuma ser Nome-Genitivo. Por outro lado, nas línguas de núcleo final, como o Karajá, as harmonias intercategoriais vão no sentido inverso: a ordem básica entre o verbo e o objeto é OV, há posposições e a ordem básica nas relações de posse é, geralmente, Genitivo-Nome, conforme exemplificado em (56):

(56) *kua hãbu wyhy rakrora*
aquele homem flecha quebrou
'a flecha daquele homem quebrou'

Pode haver, no entanto, padrões desarmônicos. Em português, língua de núcleo inicial predominante, o adjetivo descritivo modifica o nome e ocorre, geralmente, como se poderia esperar, após o núcleo nominal, como na expressão 'homem grande'. Podemos, naturalmente, antepor o adjetivo ao nome, mas neste caso temos um sentido conotativo, a expressão 'grande homem' identificando um valor não necessariamente descritivo, mas avaliativo. Em Karajá, por outro lado, a ordem básica do adjetivo é desarmônica com o padrão de núcleo final que observamos nas ordens OV, Posposição e GN, sendo o adjetivo geralmente posposto ao nome:

(57) *heto hoky*
casa grande
'casa grande'

(58) **hoky heto*
grande   casa
'casa grande'

Note-se, entretanto, que o adjetivo pode ser analisado como uma raiz verbal estativa, a que se acrescenta o sufixo verbalizador -*re* nas orações estativas:

(59) *wa-heto i-rehè-re*
minha casa 3-longe-VBLZ
'minha casa é longe'

Na introdução a este capítulo dissemos que um dos princípios da Gramática Universal é o de que todas as construções sintagmáticas têm um núcleo. Assim, na frase (60) da língua Karajá, o núcleo do Sintagma Verbal (SV) é o verbo *rimyra* 'pegou' e o SN *juwata* é o complemento deste SV:

(60) *kua hãbu juwata rimyra ahu-ki*
aquele homem piranha pegou lago em
'aquele homem pegou piranha no lago'

Note que, em Karajá, o verbo *rimyra* 'pegou' ocorre após o complemento *juwata* 'piranha', ao contrário do que geralmente se observa em português, em que o verbo antecede o complemento. Assim, o princípio universal de que todos os sintagmas de todas as línguas têm sempre um núcleo é instanciado tanto em português, quanto em Karajá, mas há uma diferença na sua ordem de ocorrência. A criança nasce com o conhecimento implícito de que há núcleos de constituintes, mas ao ser exposta a uma língua como Karajá, fixa o núcleo como final no sintagma, enquanto que, ao ser exposta a uma língua como português, fixa logo o núcleo como inicial no constituinte sintagmático. Em outras palavras, o princípio do núcleo é parametrizado durante a aquisição da linguagem: em português fixa-se o parâmetro do núcleo inicial e em Karajá fixa-se o parâmetro do núcleo final. Assim, representa-se o SV de (60) como em (61):

(61)

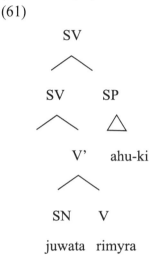

3.3.2. Categorias funcionais

No Sintagma Determinante, o Karajá antepõe o núcleo D ao SN complemento, como em construções com demonstrativo:

(62) *kia weryry*
    este rapaz
    'este rapaz'

(63) *kua isiura*
    aquele colar
    'aquele colar'

96 Ordem de constituintes

Em Sintagmas Quantificadores, por outro lado, os quantificadores, distributivos, indefinitizadores e numerais têm a posição pós-nominal como posição prototípica, em harmonia com o padrão do núcleo final. É o que se observa em construções com numerais ordinais, como exemplificado em (64), em construções de quantificação universal como (65), de quantificação distributiva, como (66), de quantificação existencial eletiva, como (67), de quantificação existencial indefinida, como (68), conforme analisado em Oliveira (2016).

(64) *weryry **inatxi** r-e-hemyny-reny-ra*
       menino dois   3 -VT-chegar-PL-PST
       'dois meninos chegaram'

(65) *weryry **ibutumy** bederahy-ò rakre*
       menino todo mato-posp vai
       'todo menino irá para a mata'

(66) *weryry **sohoji-sohoji** bederahy-ò rakre*
       menino um-um mato-posp vai
       'cada menino vai para o mato'

(67) *weryry **aõtxile** bederahy-ò rakre*
       menino qualquer mato-posp vai
       'qualquer menino vai para o mato'

(68) *weryry-**õ** bederahy-ò rakre*
       menino-INDF mato-posp vai
       'algum menino vai para o mato'

No âmbito do Sintagma Flexional, o Karajá exibe núcleos funcionais de Aspecto e Tempo afixados à direita da raiz verbal, em harmonia, portanto, com o parâmetro do núcleo final.

(69)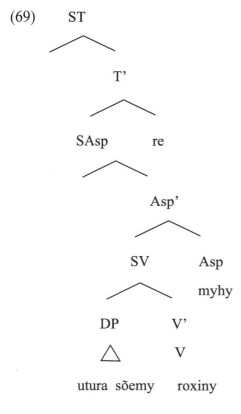

Na representação arbórea acima, que representa parte da frase (70), pode-se visualizar os núcleos de T e Asp à direita de V.
(70) *kua habu utura sõemy r-i-roxiny-myhy-re*
aquele homem peixe muito 3-VT-comer-ASP-T
'aquele homem come muito peixe'

Note-se, por outro lado, que os afixos de pessoa e de valência verbal são prefixados à raiz, em desarmonia, portanto com o parâmetro do núcleo final:
(71) hawò r-a-krò-ra
canoa 3-INC-quebrar-PST
'a canoa quebrou'

(iii) **Sintagma complementizador:** O Sintagma Complementizador em Karajá é estudado em maior detalhe no capítulo *A Periferia Esquerda*. Aqui, mostramos apenas que as palavras interrogativas estão localizadas em uma posição no Sintagma Complementizador à esquerda do Sintagma Flexional, ou seja, em posição inicial, em desarmonia, portanto com o parâmetro do núcleo final, predominante em Karajá. Vejamos como se pode analisar em diagrama arbóreo uma oração como (72):

(72) aõbo kai   t-a-bi-ta
     o que você   2-VT-ver-PST
     'o que você viu?'

(73)
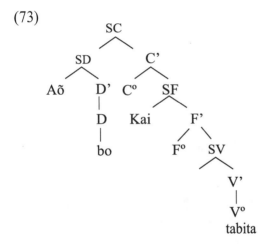

Como se pode observar no diagrama acima, a palavra interrogativa *aõbo* 'o que', em Karajá, situa-se em posição no âmbito do SC, à esquerda tanto do SF, quanto do SV.

Em suma, a ordem de constituintes nas construções Karajá pode ser resumida no quadro a seguir:

Quadro 3 – Opções paramétricas do Karajá

Domínio lexical	Núcleo final	Núcleo inicial
SN	+	-
SP	+	-
SV	+	-
Domínio funcional	**Núcleo final**	**Núcleo inicial**
SD	+	+
SF	+	-
SC	-	+

3.4. Paumari

Assim como nas línguas da família Tupi-Guarani apresentadas em 3.1, a língua Paumari não possui uma ordem de núcleos de sintagmas totalmente consistente. O Paumari também é do tipo misto em que os sintagmas SN e SP são do tipo núcleo final, ao passo que o SD e o SC são do tipo núcleo inicial. Quanto ao SV, a ordem do núcleo em relação ao seu complemento pode ser VO ou OV, dependendo do tipo de marcação de caso envolvido.

3.4.1. Os sintagmas lexicais

No nível lexical, os SNs e os SPs são consistentemente de núcleo final. Já o SV, além de manifestar a ordem OV, também exibe a ordem VO, ordens essas correlacionadas a sistemas de marcação de caso específicos.

O sintagma posposicionado (SP): É controversa a postulação de posposições para o Paumari. As informações veiculadas pelas adposições nas outras línguas são encontradas na forma de afixos verbais, no sufixo de caso oblíquo -*a* e nos afixos aplicativos. Em (74) os significados 'para fora/frente' e 'dentro de casa' são expressos por afixos na morfologia verbal. Em (75), o prefixo aplicativo libera um objeto com interpretação de 'companhia'. Em (76), tem-se algumas das possíveis leituras que o sufixo de caso oblíquo pode expressar: 'instrumento' e 'locativo':

(74) *i-**a**-ka-rokojoho-**mi**-Ø ida mesa*
2SG-de fora- NCLASS- empurrar-dentro de casa-IMP DET mesa
'Empurre a mesa!' (empurrar a mesa de fora para dentro de casa)

(75) *papai-a bi-ka-**va**-adaha-hi ida **kodi-vanami***
papai-ERG 3-NCLASS-APL-viajar-MD DET meu-remo
'papai viajou com meu remo'

(76) *sabao- **a***
sabão-OBL
'com sabão'

(77) *Porto Velho-**a***
Porto Velho-OBL
'em Porto Velho'

Contudo, Chapman & Derbyshire (1991) assumem a existência de uma classe de posposições na língua, com base em ocorrências como (78) e (79):

(78) *Maria **kaimoni***
Maria para
'para Maria'

(79) *kodi-isai **khama***
minha-criança com
'com minha criança'

Dessa maneira, a constituição interna do SP é do tipo núcleo final, como ilustra a representação de (78) exibida em (80):

(80)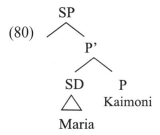

(ii) O sintagma nominal (SN): Os SNs também são de núcleo final. Nas construções genitivas, o núcleo do SN se posiciona à direita do sintagma possessivo, como indicam os exemplos a seguir e a representação de (81) em (83):

(81) *gamo* ***morobo-ni***
 mulher orelha-F
 'a orelha da mulher'

(82) *Maria* ***ka-maravi***
 Maria POSS-abano
 'O abano da Maria'

(83)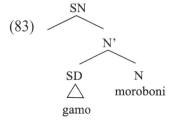

Um nome deverbal derivado de um verbo transitivo apresenta o seu complemento à esquerda. Isto é, esse tipo de SN também é núcleo final, como mostram (84) e (85):

(84) *[kanava* ***ka-namonaha-va]***
 canoa NCLASS-fazer-NMLZ
 'fazedor de canoa'

(85)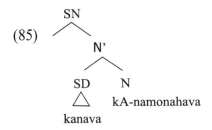

(iii) O sintagma verbal (SV): A ordem oracional do Paumari varia de acordo com o tipo de sistema de caso presente na construção. Existem três possibilidades de ordenação de constituintes correlacionadas com o padrão de caso empregado.

(a) O sistema ergativo e a ordem oracional SVO

O sistema ergativo é verificado quando, nas construções transitivas, o sujeito e o objeto são de 3ª pessoa. Neste contexto, o sujeito transitivo fica marcado com o caso ergativo, expresso pelo sufixo –*a*, ocorre em posição pré-verbal e engatilha concordância de número e pessoa. O objeto se realiza em posição pós-verbal, é precedido pelo demonstrativo e engatilha concordância de gênero, expressa no sufixo de modo verbal. O sujeito do verbo intransitivo apresenta o mesmo comportamento morfológico e sintático que o objeto da construção transitiva: ocorre em posição pós-verbal, é precedido pelo demonstrativo e engatilha concordância de gênero. Os dados a seguir podem ilustrar a manifestação do padrão ergativo na língua:

(86) *mamai-a bi-nofi-hi ida hado*   SVO
mamãe-ERG 3-querer-MD.F DET.F faca
'mamãe quer a faca'

(87) *Ø-asara-há ada isai*   VS
3-chorar-MD.M DET.M criança
'o menino chorou'

(b) O sistema acusativo e a ordem OVS

O sistema acusativo se manifesta da seguinte maneira: o sujeito transitivo é posposto ao verbo e se comporta da mesma maneira que o objeto e o sujeito intransitivo do padrão ergativo. O objeto transitivo ocorre em posição pré-verbal e vem marcado no caso acusativo: o sufixo *-ra*. A concordância verbal segue as mesmas regras das construções intransitivas:

(88) *hado-ra Ø-nofi-hi   ida mamai*   OVS
faca-ACC 3-querer-MD.F DET.F mamãe
'mamãe quer a faca'

(c) O sistema acusativo e a ordem SOV

Com o objeto marcado no caso acusativo, uma outra possibilidade de ordem é posicionar o sujeito transitivo à esquerda deste objeto, gerando a ordem SOV. Nesta configuração, o sujeito não apresenta marca de caso morfológico explícito e nem engatilha concordância verbal:

(89) *mamai hado-ra Ø-nofi-ki*   SOV
mamãe faca-ACC 3-querer-MD
'mamãe quer a faca'

Como constatado nos dados acima, o SV do Paumari pode ter núcleo final ou inicial, dependendo dos tipos de caso atribuídos aos argumentos internos, como ilustram as representações a seguir. Assim, (90) representa o exemplo (86) e (91) representa o exemplo (88).

(90) sistema ergativo

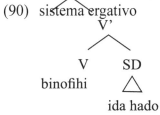

(91) sistema acusativo

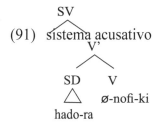

Quando o verbo seleciona um complemento oracional, a ordem é VO. A oração encaixada é introduzida pela forma feminina do demonstrativo. *Ida* não tem aí o estatuto de demonstrativo, mas sim de complementizador. Determinantes e complementizadores podem ter a mesma forma, como acontece em alemão, por exemplo:

(92) *o-nofi-ki [**ida** o-vadi-na]*   **VO**
    1SG-quere-MD COMP 1SG-dormir-INTR
    'eu quero que eu durma' eu quero dormir

(93) *o-nofi-ki [**ida** makari-ra o-noki-vini]*   **VO**
    1SG-querer-MD COMP roupa-ACC 1SG-ver-TR
    'eu quero que eu veja a roupa' eu quero ver a roupa

3.4.2. Os sintagmas funcionais: no nível dos sintagmas funcionais, a tendência são as estruturas com núcleo inicial.

(i) O sintagma determinante (SD): A única classe de morfemas que pode ser considerada como pertencente à categoria dos determinantes é a dos demonstrativos. Não há artigos nem quantificadores em Paumari. Os numerais e quantificadores são expressos ou por afixos verbais ou por palavras de outras categorias, como verbos e nomes. Os demonstrativos precedem os seus complementos estruturais –os SNs-, o que caracteriza o SD como sendo do tipo núcleo inicial:

(94) ***ada** isai*
    DET.M criança
    'O menino'

(95)

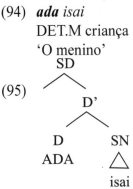

(ii) O sintagma flexional (SF): Em Paumari, não há marcas de tempo expressas na morfologia verbal. O verbo exibe afixos de concordância de sujeito e sufixos de modo que variam de forma de acordo com o gênero do argumento que o segue. Existe um grupo de verbos auxiliares que se posicionam à direita do verbo principal, indicando uma construção de núcleo final.

(iii) O sintagma complementizador: Em Paumari, existe um complementizador, já ilustrado pelos exemplos (92) e (93), que introduz orações complemento e que se posiciona à esquerda da oração. Dessa maneira, é possível afirmar que o SC é um sintagma com núcleo inicial. A estrutura em (96) representa o exemplo (93).

(96)

C'

C SF
IDA △

makari-ra o-noki-vini

O Paumari, assim como as línguas da família Tupi-Guarani aqui reportadas, é uma língua em que o parâmetro do núcleo não é harmônico. Alguns tipos de sintagmas seguem o padrão núcleo final, enquanto outros, o padrão núcleo inicial, conforme mostra o quadro a seguir:

Quadro 4 – Opções paramétricas do Paumari

Domínio Lexical	Núcleo final	Núcleo inicial
SN	+	-
SP	+	-
SV	+	+
Domínio funcional	**Núcleo final**	**Núcleo inicial**
SD	-	+

SF	+	-
SC	-	+

3.5. Considerações finais

Neste capítulo, estudamos dois princípios fundamentais da Gramática Universal, o Princípio da dependência estrutural e o Princípio do Núcleo. Vimos que, segundo Chomsky, o primeiro fator – a GU – é engatilhada e interage com a experiência, o segundo fator, determinando os parâmetros. No caso do Princípio do Núcleo, as línguas parametrizam a direção dos núcleos em relação aos seus complementos, havendo línguas de núcleo inicial e de núcleo final. Vimos ainda que as línguas podem apresentar desarmonias em determinadas construções e que essas desarmonias podem ser explicadas pela mudança histórica e também por motivações de terceiro fator, como a eficiência computacional, relacionada ao custo de processamento.

Analisamos a ordem de constituintes em diversas construções nas línguas Tupinambá, Guarani Mbyá, Kuikuro, Karajá e Paumari, observando que, de modo geral, são línguas de núcleo final, posicionando seus núcleos ao final dos sintagmas, ainda que haja construções em desarmonia com o padrão.

Finalizamos o capítulo, apresentando um quadro resumitivo das cinco línguas, em relação ao Parâmetro do Núcleo Final, predominante nestas línguas. Assim, pode-se dizer que as cinco línguas marcam positivamente (+) o parâmetro do núcleo final, na maioria de suas construções:

Quadro 5 – Marcações paramétricas de núcleo final nas cinco línguas

Domínio	Tupinambá Mbyá	Kuikuro	Karajá	Paumari
SN	+	+	+	+
SP	+	+	+	+
SV	+ / -	+	+	+ / -
SD	+	+ / -	+ / -	-
SF	+	+	+	+

| SC | - | - | - | - |

3.6. Exercícios:

I - Coletei um conjunto de frases da língua Karajá e as escrevi em meu caderno de campo, numerada de (1) a (6), com uma tradução ao lado. Preciso aprender o máximo que puder desses dados para escrever a tradução das frases de (7) a (10).

(1) I butxi rakrora "O pote dele quebrou"

(2) Hãbu wa butxi rikrora "O homem quebrou o meu pote"

(3) Kua oworu rasõra "Aquela árvore queimou"

(4) Kua kobu rakrokre "Aquele copo vai quebrar"

(5) Kia hawyy heto risõreri "Esta mulher está queimando a casa"

(6) Wa rià raykara kau "Minha rede rasgou ontem"

Como se pode dizer em Karajá:

(7) Aquela mulher vai rasgar a rede dela: _____

_____

(8) Esta casa queimou ontem: _____

_____

(9) Este homem está quebrando o copo dele: _____

_____

(10) A rede dele está rasgando: _____

_____

II - Observe os dados a seguir da língua Xerente da família Akwen do tronco Macro-Jê (dados de Braggio (97)) e, em seguida, assinale a única alternativa correta:

(a) Wat Goiânia ku krimõri (b) Pikõ za dasa kahiri
    Eu Goiânia para ir   mulher FUT comida cozinhar
    "Eu vou para Goiânia"   "A mulher vai cozinhar comida"

108 Ordem de constituintes

(c) Wat intkmekreda imõri]   (d) huku simpikõ
Eu plantar vou   onça fêmea
"Eu vou plantar"   "onça fêmea"

(A) Trata-se de uma língua de núcleo inicial.
(B) O Xerente apresenta preposições, adjetivo posposto ao nome, SOV e AuxV, sendo uma língua de núcleo final.
(C) Os padrões Posp/SOV/VAux/NAdj são harmônicos entre si, indicando que o Xerente é uma língua de núcleo final.
(D) Os padrões Posp/SOV/VAux são harmônicos entre si e desarmônicos com NAdj, indicando ser o Xerente predominantemente de núcleo final.

III - Observe os dados a seguir da língua Kadiweu da família Guaikuru (dados Braggio (86)) e, em seguida, assinale a única alternativa correta:

(a) na'bidi ifo   (b) eemi fa di$f$eladi
preta terra   vai para casa
"terra preta"   "vai para casa"
(c) inolE/ iwalo/   (d) no'ladi na'deigi i'biki
panela mulher   nuvem traz chuva
"panela da mulher"   "A nuvem traz chuva"

(A) As ordens AN, Pre-N, NG, SVO indicam, consistentemente, tratar-se o Kadiweu de língua de núcleo inicial.
(B) As ordens Pre-N, NG, SVO indicam que o Kadiweu é predominantemente uma língua de núcleo final, apesar da ordem desviante do adjetivo.
(C) As ordens Pre-N, NG, SVO indicam que o Kadiweu é predominantemente uma língua de núcleo incial, apesar da ordem desviante do adjetivo.
(D) As ordens NA, Pre-N, GN, SVO indicam que o Kadiweu é predominantemente uma língua de núcleo inicial, apesar da ordem desviante do genitivo.

IV. Após a leitura das seções 3.1 e 3.4 deste capítulo, coloque as palavras na ordem correta nas línguas Guarani, dialeto Mbyá, e Paumari:

Guarani
(i)   O marido da Ara fez cesta com a mãe dele.

*Ara, ajaka, pyri, me, ojapo, oxy (*Ara, cesta, com, marido, fez, mãe dele)

(ii)   Aquele cachorro correu da onça

gui, jagua, onha, xivi, peva' e (da, cachorro, correu, onça, aquele)

(iii)   A mulher gorda viu a casa do pai da Poty

kyra, Poty, kunha,ro, ru, oexa (gorda, Poty, mulher, casa, do pai, viu)

Paumari
(iv)   Meu pai cortou o tambaqui

i' ao, kodi, ida, binahadohi,abi'i-a (tambaqui, meu, DET.F, cortou, pai-ERG)

(v)   Mamãe fez o abano.

Ø-namonaha-hi, mamai, maravi-ra, ida (fez, mamãe, o abano-ACC, DET.F)

4. A PERIFERIA ESQUERDA DA ORAÇÃO

Deus Jano

Como vimos no capítulo *A Gramática Universal*, a estrutura oracional em qualquer língua organiza-se em três camadas, a saber: a camada lexical, uma camada mais baixa, constituída pelo verbo e seus argumentos; a camada flexional, que domina a camada lexical e onde se codificam as diferentes flexões gramaticais existentes nas línguas; a camada complementizadora, também denominada de periferia esquerda da oração, a mais alta e que domina a camada flexional.

(1)
SC – Sintagma Complementizador – periferia esquerda
SF – Sintagma Flexional
SV – Sintagma Verbal – Camada lexical

O linguista Luigi Rizzi (1997) foi o primeiro a propor a expansão interna da camada complementizadora e comparou-a ao deus Jano, da mitologia greco-latina. Este deus, como ilustrado acima, tinha duas faces, podendo olhar em duas direções. Ao usar esta imagem para caracterizar a região mais alta da oração na Gramática Universal, Rizzi tinha em mente deixar bem claro que esta região estabelece relações entre – de um lado – as camadas flexional e lexical da frase e – de outro lado – domínios mais altos da frase.

Como veremos neste capítulo, uma rica periferia esquerda caracteriza muitos enunciados nas línguas Mbyá, Tupinambá, Kuikuro, Karajá e Paumari. Em todas essas línguas, podemos apreciar como uma frase na qual a estrutura sintática – feita de núcleos e seus argumentos, como, por exemplo, de verbos e seus sujeitos e objetos – conversa com a chamada "estrutura da informação". A qualificação da informação discursiva pode ser codificada na estrutura sintática da frase refletindo a intencionalidade de um locutor que se dirige a um ouvinte, que deve interpretar tais intencionalidades e possíveis sentidos que são estruturados em posições sintáticas hierarquicamente organizadas. Partículas epistêmicas e aspectuais, bem como o perfil entonacional, colaboram para essa arquitetura enunciativa. A periferia esquerda da frase é o lugar da interação entre sintaxe e pragmática, força ilocucionária dos atos de fala, da informação manipulada pelo falante, em suma, o discurso e o contexto. Por outro lado, olhando na direção oposta, a arquitetura sintática da camada complementizadora, que domina a camada flexional, pode determinar a interpretação da finitude do verbo, o que, como veremos, parece ser o que acontece em Kuikuro e Paumari. Em Karajá, esta região apresenta relações de concordância entre palavras-QU e o modo verbal no Sintagma Flexional.

Tudo isso acontece quando a frase pensada é vestida com as intenções comunicativas de quem fala e, assim, se torna a expressão de um ato de fala: declarar, perguntar, dar uma ordem, pedir etc. E mais, um ato de fala declarativo que queira mobilizar e dirigir a atenção do ouvinte muitas vezes faz com que uma parte da informação seja realçada, enfatizada, sublinhada, seja essa parte da informação algo já conhecido pelo ouvinte (informação velha) ou algo que representa uma novidade para o ouvinte (informação nova).

Além de abrigar construções de tópico e de foco, a periferia esquerda fornece posições sintáticas para as construções interrogativas. Existem, pelo menos, dois tipos de construções interrogativas nas línguas: as perguntas cuja resposta pode ser um "sim" ou um "não" e as perguntas com palavras interrogativas, que não podem ter como resposta apenas um "sim" ou um "não", mas que requerem alguma informação sobre os participantes do evento ou sobre suas circunstâncias. Passemos, então, às línguas indígenas.

112 A periferia esquerda da Oração

4.1. Guarani Mbyá e Tupinambá

4.1.1. Interrogativas sim/não

As interrogativas do tipo Sim/Não (ou perguntas polares) do Guarani Mbyá e do Tupinambá são formadas pelo acréscimo das partículas *pa* e *pe*, respectivamente. Observe nos pares a seguir que, após a inserção das partículas, a oração afirmativa em (a) se transforma em interrogativa em (b):

Guarani Mbyá

(1)

    a. *Ara ajaka o-japo*
        Ara cesta 3-fazer
        'A Ara fez cesta'

    b. *Ara ajaka o-japo*   **pa**
        Ara cesta 3-fazer   Q
        'A Ara fez cesta?'

Tupinambá

(2)

    a. *xe inĩ –me*   *ere-ker*
        1SG rede em   2SG-dormir
        'Dormiste na minha rede'

    b. *xe inĩ –me*   *ere-ker*   **pe**
        1SG rede em   2SG-dormir Q
        'Dormiste na minha rede?' (Lemos Barbosa:79)

As perguntas em (b) têm escopo sobre todo o evento. Quando a pergunta recai sobre um constituinte oracional específico, este deve se mover para o início da oração e vir seguido pela partícula *pa /pe*, que ocupa a segunda posição à esquerda:

Guarani Mbyá

(3)

    a. *ajaka pa*   *Ara o-japo*
        cesta Q   Ara 3-fazer
        'A Ara fez **cesta**?'
        (Lit= Foi **cesta** que a Ara fez?)

b. *Ara   pa   ajaka o-japo*
   Ara   Q   cesta 3-fazer
   '**A Ara** fez cesta?'
   (Lit.= Foi **a Ara** que fez cesta?)
c. *o-japo   pa   Ara ajaka*
   3-fazer Q   Ara cesta
   'A Ara **fez** cesta?
   (Lit= **Fez** a Ara a cesta?)

Tupinambá
(4)
a. *xe- inĩ –me   pe ere-ker*
   1SG rede em Q 2SG-dormir
   '(foi) na minha rede, (que) dormiste?' (Lemos Barbosa, 1956:79)
b. *xe inĩ me ende pe ere-ker*
   1SG rede em você 2SG-dormir
   'Na minha rede, (foste) tu (que) dormiste?' (Lemos Barbosa, 1956:79)

Essa possibilidade de deslocamento de constituintes da oração para a esquerda de *pa/pe* e a interpretação daí resultante, semelhante a uma estrutura clivada, nos leva a sugerir a seguinte derivação para este tipo de interrogativa: *pa* se encontra no núcleo de Sintagma de Foco (SFoc), ao passo que os sintagmas (SF, SD, SP, SV) à sua esquerda, ao se moverem, ocupam a posição de especificador de SFoc, como ilustra a representação em (5):

(5)   SFoco

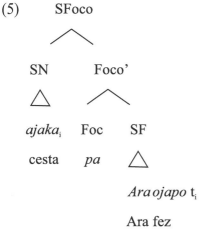

114 A periferia esquerda da Oração

4.1.2. Interrogativas QU-

A maioria das palavras QU do Mbyá e do Tupinambá se inicia por
M-, conforme ilustram os quadros a seguir:

(6)   Guarani Mbyá

MAVA'E pa	'Quem' [+ humano] / 'Qual?'
MA' E/ MBA'E pa	'O quê?'
MAMO pa	'Onde?'
MBOVY pa	'Quantos?'

(7)   Tupinambá

ABÁ pe	'Quem' [+ humano] / 'Qual?'
MBA'E pe	'O quê?'
MAMÕ pe	'Onde?'
MBOBYR pe	'Quantos?'
MARÃ pe	'Como?'

Os sintagmas interrogativos, seguidos de *pa/pe*, também se
movem para a esquerda da oração, conforme ilustram os dados a seguir:
<u>Guarani Mbyá</u>
(8)

    a. *mava'e   pa   o-me'e-ta pira   tuja pe*
        quem   Q   3-dar-FUT peixe   velho para
        '**Quem** dará peixe para o velho?'

    b. *mba'e pa xee a-me'e-ta   tuja   pe*
        o que   Q   eu   1SG-dar-FUT   velho para
        '**O que** eu darei para o velho?'

    c. *mava'e pe pa xee   a-me'e-ta   pira*
        quem   para Q   eu   1SG.-dar-FUT   peixe
        '**Para quem** eu darei peixe?'

<u>Tupinambá</u>
(9)   ***abá   pe   o-î-peok   piraîuba***
       quem   Q   3-3-escamar   dourado
       '**Quem** escamou o dourado?'   (Lemos Barbosa: 81)

(10) **mbaé** **pe** *ere-rur*
o que Q 2SG-trazer
'**O que** você trouxe?'   (Lemos Barbosa: 115)

(11) **mboyr** **pira** **pe** *pe-î-nhybõ*
quanto peixe Q 2PL-3-pegar
'**Quantos peixes** vocês pegaram?'   (Lemos Barbosa: 105)

A derivação das interrogativas QU- dessas línguas envolve movimento sintático. O sintagma QU- se desloca de sua posição de base para a periferia esquerda da oração. Evidências para tal afirmação vêm de dois tipos de estruturas. Em (12b), percebe-se que o sintagma interrogativo referente ao objeto pode se mover como um todo para SC, mas em (12c), verifica-se que é apenas o elemento QU- que se desloca, deixando o restante do sintagma *in situ*:

Guarani Mbyá

(12)

   a. *ndee* *re-japo* **ajaka pitã**
     você 2SG-fazer cesta vermelha
     'Você fez a **cesta vermelha**'

   b. *mava' e ajaka* **pa** *ndee* *re-japo*
     qual cesta Q você 2SG-fazer
     '**Qual cesta** você fez?'

   c. *mava' e* **pa** *ndee* *re-japo* **ajaka**
     qual Q você 2SG-fazer cesta
     '**Qual cesta** você fez?'

Nessas interrogativas informacionais, estaria a partícula *pa/pe* no núcleo de SFoc com o sintagma QU- em Espec? Existem duas questões que não nos permite adotar tal hipótese. A primeira delas é que, se esse fosse o caso, o Guarani Mbyá e o Tupinambá apresentariam construções em que as partículas estariam sendo usadas redundantemente com as palavras interrogativas deslocadas (*mava'e pa* '*quem'* em Mbyá e *mbaé pe*'o quê', em Tupinambá), para tipificar as perguntas do tipo QU-. Neste caso, a Hipótese da Tipificação da Oração estaria sendo violada.

A segunda questão é que há evidências em uma variedade do Mbyá falada no estado de Santa Catarina de que a partícula *pa/pe* faz parte do próprio sintagma interrogativo. Nessa variedade, conforme relata Martins (2003), a ordem oracional é bastante livre, o que permite que os sintagmas QU- ocorram deslocados para a direita, como se estivessem *in situ*. Quando isso ocorre, a partícula interrogativa segue o sintagma QU-, conforme ilustra o exemplo (13b) a seguir. Essa possibilidade de QU – *in situ* não é admitida nas outras variedades do Mbyá consultadas:

(13)
    a. *mava' e pa* *o-jogua jety*
        Quem Q   3-comprar batata
        Quem comprou batata?
    b. *o-jogua jety* ***mava' e pa***
        3-comprar batata Quem Q
        'Comprou batata quem?   (Martins, 2003:148)

Com base nesses fatos, sugere-se aqui que a partícula interrogativa do Guarani Mbyá e do Tupinambá possa fazer parte do sintagma interrogativo, assim como ocorre com ***BO*** do Karajá. Postula-se, então, (14) como a representação dos sintagmas interrogativos dessas duas línguas da família Tupi-Guarani:

(14)

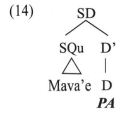

Note-se que as palavras interrogativas são constituídas por sintagmas que correspondem a elementos indefinidos nessas línguas, como "alguém", "algo"/" coisa", como indicam os exemplos a seguir:

Guarani Mbyá
(15)
    a. *mba'e*
        coisa/algo

b. *kova'e ajaka   xe-**mba'e***
   aquela cesta   1POSS-coisa
   'Aquela cesta (é) minha coisa'/'Aquela cesta é minha'

Ao se combinar a partícula interrogativa com essas palavras indefinidas, formam-se sintagmas interrogativos. Sem a partícula, (16), por exemplo, teria a seguinte leitura: "alguma coisa você comprou":
<u>Guarani Mbyá</u>

(16) ***mba'e pa***   *ndee re-jogua*
     coisa Q   você 2SG-comprar
     'O que você comprou?'

Nas interrogativas SIM/NÃO do Guarani Mbyá e do Tupinambá, há uma partícula QU no núcleo de SFoc. Já nas perguntas do tipo QU-, essa partícula se encontra no núcleo do sintagma interrogativo e é por isso que parece haver ao mesmo tempo movimento de QU e a inserção da partícula para tipificar a oração. Na verdade, o que se desloca para a periferia esquerda é todo o sintagma interrogativo, ilustrado em (14).

4.1.3. O tópico

O tópico se desloca ou pode ser gerado na periferia esquerda da oração. Nos dados a seguir, os complementos dos verbos se deslocam para o início da oração, independentemente de estarem originalmente no padrão OV ou VO. Nessas construções, o constituinte movido tem o estatuto de tópico, pois expressa informação velha, compartilhada pelo falante e o ouvinte:
<u>Guarani Mbyá</u>

(17)

  a. *kunha   o-exa   **mitã**   kaaguy   re*
     mulher   3-ver   criança   mata em
     'A mulher viu a criança na mata'

  b. ***mitã**, kunha   o-exa   kaaguy   re*
     criança, mulher   3-ver   mata em
     'A criança, a mulher viu na mata'

118 A periferia esquerda da Oração

O deslocamento de constituintes para a posição de tópico pode ser observado também em contextos de longa distância. Ao comparar os exemplos (18a) com (18b) a seguir, nota-se que neste último, o complemento do verbo subordinado aparece na periferia esquerda da oração principal, como o primeiro constituinte:

Guarani Mbyá

(18)

    a. *Tupã xe-rexa*   *[pira*   *a-'u ramo]*
       Tupã 1SG-ver   peixe   1SG-comer DEP
       'Tupã me viu comendo peixe'

    b. *pira*$_i$ *Tupã* *xe-rexa*   *[t$_i$ a-'u ramo]*
       peixe Tupã 1SG-ver   [1SG-comer DEP].
       'O peixe, Tupã me viu comendo'

O deslocamento para a periferia esquerda da oração principal também parece ser um mecanismo empregado para a expressão do tópico em Tupinambá. Nas orações subordinadas, por exemplo, que exibem a ordem SOV/SV, quando o sujeito ou o objeto se movem para a posição de tópico, ficam ligados a um pronome resumptivo dentro de SF, como mostram os exemplos em (19):

Tupinambá

(19)

    a. *kaá* *rupi* **abá** *gûata- reme*
       mata por   índio andar- quando
       'Quando o índio andava pela mata ...'

    b. **abá**$_i$ *kaá* *rupi* *i$_i$gûata- reme*
       índio mata por   3 andar-quando
       'O índio, pela mata, quando ele andava ...'

A topicalização em Tupinambá é do tipo deslocamento para a esquerda em que o tópico é gerado em [Espec, STop] e fica ligado a um pronome resumptivo dentro da oração, como em (19b).

4.1.4. O foco

O foco também envolve deslocamento para a periferia esquerda da oração nas duas línguas. O Tupinambá possui uma construção,

A periferia esquerda da oração 119

denominada Indicativo II na literatura Tupi, que envolve a focalização de advérbios, sintagmas interrogativos não nucleares e SPs. Nela, quando um desses constituintes ocorre na periferia esquerda da oração, o verbo adquire uma morfologia especial. (20) e (21) ilustram a ocorrência desse tipo de focalização em Tupinambá:

Tupinambá

(20) **koriteĩ** *[kunha pitanga mombak-i]*
depressa mulher criança acordar-II
'Foi depressa que a mulher acordou a criança'

(21) **mara ngoty pe** *[guarani   xe-gûirapara   raso-û]*
onde para   Q guerreiro   1SG-flecha   levar-II
'Para onde é que o guerreiro levou a minha flecha?

Nessas construções, é possível observar tópicos à direita do foco. Quando o tópico aparece deslocado, um pronome resumptivo a ele associado ocorre dentro do SF, como nos casos (22) e (23):

Tupinambá

(22) **koriteĩ   pitanga**$_i$ *[kunha   i$_i$mombak-i]*
depressa   criança   mulher   3ª acordar-II
'Foi depressa que a criança, a mulher a acordou'

(23) **mara   ngoty   pe   xe-gûirapara**$_i$ *[guarani   s$_i$-aso-û]*
onde   para   Q   1SG-flecha   guerreiro   3 levar-II
'Foi para onde que a minha flecha, o guerreiro a levou?'

Também é possível ocorrer tópico à esquerda do gatilho do Indicativo II, como mostra o dado (24) a seguir:

Tupinambá

(24) *aé   pe   **ygara**$_i$ [mamo   pe   [s$_i$-em-i]]*
e   canoa   onde   Q   3-estar-II
'E a canoa, onde ela está?'

Em Guarani Mbyá, o foco também está associado à periferia esquerda da oração, como indica (25):

120   A periferia esquerda da Oração

Guarani

(25) **kure e'ym**   *xee a-'u*
porco –não   eu 1SG-comer
'Não (foi) porco (que) eu comi'

Postula-se aqui que os sintagmas QU- estejam também em [Espec, SFoc]e que as interrogativas QU- sejam do tipo clivadas, uma vez que não podem coocorrer com sintagmas negados focalizados, como (26):

Guarani

(26) **mava' e pe pa pirapiree'ym xee a-me'e*
quem para Q dinheiro-NEG eu 1SG-dar
'Para quem não foi dinheiro que eu dei?'

Com base nos dados observados, é possível postular a existência das seguintes projeções funcionais na periferia esquerda das línguas Tupinambá e Guarani Mbyá.

(27)   STop>SFoc>STop>SF

4.2. Kuikuro

Queremos, agora, levar o olhar do leitor para que preste atenção ao início das frases na língua Kuikuro, uma parte bem ativa e com personalidade própria, que, como vimos, os linguistas chamam de "periferia esquerda". Nesta seção, abordaremos as construções interrogativas, de tópico e de foco em Kuikuro. O que encontramos na periferia esquerda da oração nesta língua? Comecemos com o ato de fala interrogativo, ou como perguntar em Kuikuro.

4.2.1.Construções interrogativas

Perguntas informacionais ou Qu-

As perguntas Qu- são introduzidas por dois morfemas interrogativos *-tü* e *uN*- e são caracterizadas pelo movimento sintático do constituinte interrogado atraído pelo traço [+Q] da palavra Qu-. Trataremos, aqui, somente das interrogativas que iniciam com o morfema Qu-*tü*.

Perguntas com *tü*

O morfema *tü* serve para perguntar sobre argumentos, como: o sujeito de um verbo intransitivo; o sujeito ou o objeto de um verbo transitivo; o argumento de um nome numa construção genitiva; o argumento de uma posposição. Todavia, se compararmos essas construções interrogativas em Kuikuro com as mesmas construções em português, as diferenças saltam aos olhos e precisam ser entendidas. Vamos ver uma coisa de cada vez.

Apresentamos, a seguir, algumas perguntas em Kuikuro, precedidas pela mesma frase em ato de fala declarativo e seguidas pela resposta.

Interrogativa Qu- de argumento sujeito de verbo intransitivo:

Declarativa, dita por uma mãe:
(28) *u-mukugu*   *ügünuN-tagü*
     1-filho-POSS   adoecer-DUR
     'meu filho está doente'

Na frase declarativa em (28) – 'meu filho está doente' – o verbo intransitivo *ügünuN-* pode ser traduzido como 'estar doente, adoecer'; o verbo é flexionado pelo sufixo de aspecto 'durativo' (DUR), que dá a qualidade de um evento que dura no tempo; o sujeito *umukugu*, 'meu filho' vem logo antes do verbo, como em português, e o nome *-muku-* ('filho, mulher falando') é flexionado pelo prefixo *u-* de primeira pessoa ('eu, meu') e pelo sufixo *-gu* que indica nome possuído (por alguém, no caso, por uma primeira pessoa).

Vamos fazer a pergunta sobre o sujeito de 'estar doente':
(29) *tü=ma*   *t-ügünuN-ta-ti-nhü-i*
     Q=DUB   PTP-adoecer-DUR-PTP-NANMLZ-COP
     'quem está doente?' (lit. quem é o doente/adoecido)

Em Kuikuro, a pergunta em (29) começa com o morfema Qu-*tü* ('quem?'), que recebe o sufixo *-ma*, que expressa dúvida (DUB), mas o resto da frase é diferente do português. A palavra internamente complexa, como é de se esperar de uma língua bem aglutinativa, que segue *tüma*, é uma nominalização de argumento interno, que traduzimos como 'o doente, o adoecido'. Esta palavra pode ser segmentada em seus morfemas, que são, na ordem: o prefixo *t-*, que junto com o sufixo *-ti-* forma um tipo de particípio do verbo ügünuN, significando 'estar na condição de doente, resultado do evento de adoecimento'; logo depois do verbo, vem o sufixo de aspecto durativo em sua forma curta, *-ta-*; o penúltimo sufixo, *-nhü*, funciona como nominalizador de argumento interno, transformando um verbo em nome não agentivo; o ultimo sufixo, *-i*, é uma copula não verbal[1].

A resposta da mãe à pergunta em (29) identifica com precisão o argumento interrogado e repete a construção da pergunta, mas sem o morfema Qu- *tü(ma)*, obviamente, mas, com uma construção tipicamente de Foco, como veremos mais adiante:

(30)   *u-muku-gu=ha*   *ese-i*   *t-ügünuN-ta-ti-nhü-i*
        1-filho-POSS=HA   3.PROX-COP PTP-adoecer-DUR-
        PTP -NANMLZ-COP
        'é meu filho que está doente' (lit. é meu filho que é o doente/adoecido)

Interrogativa Qu- de argumento sujeito de verbo transitivo

Primeiramente tomemos uma frase declarativa:

(31)   *kanga* *enge-lü*   *leha*   *u-muku-gu*   *heke*
        peixe comer-PNCT   COMPL 1-filho-POSS   ERG
        'meu filho comeu (o) peixe'

Como em qualquer frase transitiva, simples, em Kuikuro, o objeto quase gruda no verbo, antes dele, e o agente sujeito é marcado pela posposição *heke*, que chamamos aqui de marca de caso ergativo (ERG). Vamos fazer a pergunta:

(32)   *tü=nile*   *kanga* *enge-ni-i*
        Q=ME   peixe   comer-ANMLZ-COP
        'quem comeu (o) peixe?' (lit. quem é/foi comedor do peixe?)

A pergunta agora interroga a respeito de quem fez alguma coisa no sentido do agente de um verbo transitivo, ação que atinge um paciente, um objeto. O clítico de modalidade epistêmica[2] *-nile* qualifica a palavra interrogativa *tü*, mas o que interessa é que o verbo *enge* ('comer alimento não vegetal') vira nome graças a outro sufixo, *-ni*, nominalizador de agente, nome que traduzimos como 'aquele que come, comedor'. E a copula não verbal *-i* aparece de novo no final. A resposta repete a mesma construção agora numa construção de foco:

(33) *u-muku-gu=ha   ekisei-i   kanga enge-ni-i*
      1-filho-POSS=HA 3.DIST-COP peixe comer-ANMLZ-COP
      'meu filho foi quem comeu' (Lit. 'meu filho foi comedor de peixe')

Interrogativa de argumento objeto de verbo transitivo

Vejam a seguir outra frase declarativa:

(34) *hikutaha enge-tagü   kuguagi   heke*
      tracajá   comer-DUR   urubu   ERG
      'urubu está comendo tracajá'

A partir dela vamos perguntar o que o urubu está comendo:

(35) *tü$_k$-nile   kuguagi   ng$_k$-enge-tagü-i*
      Q-EP   urubu   O-comer-DUR-COP
      'o que o urubu está comendo?'

Vejam que a frase em (35) interroga a respeito do objeto de 'comer', o argumento interno de verbo transitivo. A construção é distinta das perguntas de argumento de verbo intransitivo como em (29) e de argumento externo de verbo transitivo como em (32), onde o verbo é nominalizado a partir de uma base participial e recebe um nominalizador agentivo, respectivamente. Em (35), não há nominalização do verbo, mas uma construção que podemos chamar de de-ergativizada, uma falsa intransitiva (Franchetto, 1990, 2010). O verbo transitivo 'comer' perdeu seu argumento interno ('peixe'), movido para SC, e na posição dele aparece um prefixo que chamamos de marcador de objeto (O). Seguindo Marantz (1984), diríamos que o morfema *ng-* (O), ocupa a

124   A periferia esquerda da Oração

posição de argumento interno, recebendo papel temático de paciente, mas é incapaz de receber o caso estrutural (Absolutivo), que, agora, é atribuído ao argumento externo agente 'urubu'.

A resposta é, previsivelmente, uma construção de Foco, onde 'tracajá' é a informação em realce, nova:

(36) *hikutaha=ha*   *ige-i*   *kuguagi*   *ng-enge-tagü*
    tracajá=HA   DPROX-COP   urubu   O-comer-DUR
    'é tracajá que o urubu está comendo'

Construções interrogativas Qu- de adjunto

Nas perguntas QU que incidem sobre adjuntos, ou seja, sobre sintagmas que não são argumentos nucleares (sujeito, objeto), encontramos o morfema Qu- com uma das várias posposições Kuikuro sufixada, em construções, digamos, normais, ou seja, sem nominalizações ou de-ergativização, como vemos no exemplo a seguir:

(37) *inh-anguN-tagü*   *tü-hi-tsü*   *ake*
    3-dançar-DUR   REFL-esposa-POSS   com
    'ele está dançando com a sua própria esposa'

(38) *tü*   *ake*   *inh-anguN-tagü*
    Q   com   3-dançar-DUR
    'com quem ele está dançando?'

A construção acima resulta, claramente, do movimento do adjunto 'com X' para a periferia esquerda (primeira posição), atraído pelo traço Q de *tü*.

Perguntas sim/não

A palavra interrogativa que geralmente introduz as perguntas Sim/ Não é *angí*, sozinha ou seguida pela partícula de modalidade epistémica *niküle*. *Angí* é um tipo de indefinido e expressa o desejo do falante de obter uma resposta de confirmação.

(39) *angí*   *niküle*   *og-opi-jü-ingo*
    Q   EP   2DTR-voltar-PNCT-FUT
    'você voltará (com certeza)?'

Outra possibilidade é colocar a partícula epistémica *kaha* logo após o primeiro constituinte, que está em foco, na posição inicial da frase. No exemplo a seguir, o falante quer saber ou, melhor, quer confirmação quanto ao dia no qual seus interlocutores farão fogo:

(40) *kogetsi kaha ito ugi-jü-ingo e-heke-ni*
amanhã EP fogo soprar-PNCT-FUT 2-ERG-PL
'vocês farão fogo **amanhã**?'

E agora (41) mostra a mesma construção com o adjunto 'amanhã' em foco. mas sem intenção interrogativa:

(41) *kogetsi=ha ege-i ito ugi-jü-ingo e-heke-ni*
amanhã=HA DDIST-COP fogo soprar-PNCT-FUT 2-ERG-PL
'(será) amanhã (que) vocês farão fogo'

Estamos prontos, então, para adentrarmos as construções de foco em Kuikuro, que se mostram muito parecidas com as construções interrogativas.

4.2.2. Construções de foco

Lembram a frase interrogativa de argumento sujeito de verbo intransitivo em (29) e a relativa resposta? Na resposta, repetida em (42), temos a mesma construção quando este argumento está em Foco:

(42) *u-muku-gu=ha ese-i t-ügünuN-ta-ti-nhü-i*
1-filho=HA 3DPROX-COP(FM) PTP-adoecer-DUR-PTP-NANMLZ-COP
'é meu filho que está doente' (lit. este é meu filho, é doente)

Observamos a mesma coisa se compararmos a construção interrogativa de sujeito agente de verbo transitivo em (32) e a resposta em (33), também uma construção com o mesmo argumento em Foco, como o exemplo a seguir, onde no lugar da copula *-i* temos o sufixo identificador (SUBS) *-mbüngü*:

(43) *uge=ha ese-i kanga enge-ni-mbüngü*
1D=HA DPROX-COP peixe comer-ANMLZ-SUBS
'fui eu que comi peixe' (lit. eu sou este, o comedor do peixe)

126 A periferia esquerda da Oração

Mais ainda, se voltarmos à pergunta de objeto de verbo transitivo em (35) e olharmos para a construção com o mesmo argumento em Foco em (44), de novo percebemos claramente que construções interrogativas de argumento e construções de foco de argumento são muito parecidas:

(44) *hikutaha$_{i=}$ha*   *ege-i*   *kuguagi*   *ng$_i$-enge-tagü*
      tracajá=HA   DDIST-COP   urubu   O-comer-DUR
      'foi tracajá que o urubu estava comendo' (lit. aquele foi tracajá, urubu o estava comendo)

Podemos ter foco num enunciado interrogativo, sempre depois do sintagma QU:

(45) *uN-na*   *nile* **ege-i**   *Ekege heke u-tahaku-gu ige-lü*
      QU-ALL EP DDIST-COP Ekege ERG 1-arco-POSS levar-PNCT
      'foi para onde que Ekege levou o meu arco?'

Vamos acrescentar mais uma observação, pedindo a comparação entre (41) e (43).

(46) *hikutaha$_{i=}$ha*   *ige-i*   *kuguagi*   *ng$_i$-enge-tagü*
      tracajá=HA   DDIST-COP   urubu   O-comer-DUR
      'é tracajá que o urubu está comendo' (lit. este é tracajá, urubu o está comendo)

Em ambas as frases, tem um constituinte em foco: 'tracajá', objeto de 'comer'. Alguma coisa, contudo, faz a diferença: o contraste entre os dêiticos *ege* (distância do falante, no tempo ou no espaço) em (44) e *ige* (proximidade do falante no tempo ou no espaço) em (46). Esta diferença se mostra também na tradução para o português: verbo no tempo passado na primeira frase, enquanto na segunda está no tempo presente. O que tem a ver o dêitico na periferia esquerda com a interpretação temporal do verbo?

Em Kuikuro, como em muitas outras línguas, o Tempo (linguístico) não está na flexão do verbo. A flexão verbal é tão somente de aspecto: Pontual, Durativo, Perfectivo.[3] Nos exemplos acima, o verbo recebe a flexão de aspecto Durativo (*-tagü*), um evento percebido como tendo alguma duração. A interpretação temporal, todavia, é ambígua quando fora de contexto: um verbo com aspecto Durativo pode ser interpretado como se referindo a um evento no presente ou no passado. Os exemplos mostram que os dêiticos no complexo da periferia esquerda em Kuikuro levam a uma interpretação temporal da frase que seria impossível fora do contexto da enunciação, se contássemos somente com a flexão verbal de aspecto.

O lugar dos dêiticos parece ser aquele em que o olhar se dirige não 'para cima', ou seja para a interface com as intenções comunicativas do falante, como é o caso da Força Ilocucionária ou do Foco ou do Tópico, mas, sim, para baixo, para a camada flexional, onde se dá a especificação temporal da flexão verbal. Assim, podemos dizer que os dêiticos na periferia esquerda configuram a finitude do verbo que se moveu da camada lexical, a mais baixa, para a o sintagma aspectual (AspP) na camada flexional, intermediária, alcançando, assim, o olhar para baixo dos dêiticos no sintagma de Finitude (FinP), a projeção funcional de fronteira entre a camada flexional e a camada complementizadora ou periferia esquerda (da frase).

4.2.3. Construções de tópico

A posição de Tópico na periferia esquerda é o lugar da informação velha, compartilhada como tal pelo falante e pelo seu interlocutor. Será depois de vermos as construções de Tópico em Kuikuro que, talvez, conseguiremos entender o enigma do clítico *ha*, que evitamos comentar até agora, mas que o leitor, certamente, deve ter notado como presente na maioria dos enunciados.

O que faz a diferença entre uma construção de foco e uma construção de tópico, é a presença do complexo dêiticos+copula (não verbal) na primeira e sua ausência na segunda. Em todas, contudo, está o clítico *ha*, excluído, porém, das frases interrogativas sem tópico e também das com verbo nos modos Imperativo e Hortativo, ou seja, da expressão dos atos de fala que não são declarativos ou descritivos de um estado de coisas no mundo. Em Kuikuro, não há pronome resumptivo nas construções de tópico. Vejamos exemplos em contraste: (47a) é uma declarativa pragmaticamente neutra; (47b) é uma construção com o constituinte *Ekege-inha* em foco; em (47c) o mesmo constituinte está em posição de tópico.

128 A periferia esquerda da Oração

(47)

a. *tahaku tu-nügü   e-heke Ekege-inha*
arco   dar-PNCT 2-ERG Ekege-DAT
'você deu arco para Ekege'

b. *Ekege-inha=ha   ege-i   tahaku tu-nügü   e-heke*
Ekege-DAT=HA DDIST-COP arco dar-PNCT 2-ERG
'foi para Ekege que você deu o arco'

c. *Ekege-inha=ha   tahaku tu-nügü   e-heke*
Ekege-DAT=HA arco   dar-PNCT   2-ERG
'para Ekege, você deu o arco'

Podemos ter tópico em frases interrogativas, mostrando que ele precede o sintagma Qu:

(48) *tahaku=**ha**   tü-inha-ma   tuN-tí   e-heke*
arco=HA   Q-DAT-DUB   dar-PTP   2-ERG
'o arco, para quem você deu?'

O que podemos concluir depois de ter examinado as construções de foco e as construções de tópico em Kuikuro? Lembramos que nas primeiras o falante coloca em primeiro plano, na periferia esquerda, uma informação que ele supõe nova para o ouvinte, enquanto nas segundas coloca na periferia esquerda uma informação conhecida pelo falante e seu interlocutor.

O clítico *ha* está presente logo após o constituinte em foco ou em tópico. Depois de *ha* temos algo a mais se o constituinte está em foco, dois elementos importantes: um dêitico (D) – do tipo 'lá, este, aquele, isto, aquilo' – e, sufixada a este último, a cópula não verbal -*i*.

Vamos tentar entender melhor. Como dissemos no início desta seção, uma periferia esquerda ativa caracteriza uma considerável quantidade e variedade de enunciados em Kuikuro, mostrando a arquitetura sintática da organização da informação comunicada. Partículas interrogativas, epistêmicas, o clítico =*ha*, dêiticos, a cópula não verbal -*i* colaboram para a sintaxe da estrutura enunciativa. Vimos que enunciados interrogativos podem ter foco, sempre depois da palavra interrogativa (QU), ou tópico, sempre antes da palavra interrogativa.

A periferia esquerda da oração 129

O sistema na camada complementizadora ou periferia esquerda em Kuikuro pode, agora, ser representado como:

(49) [SForça [STop[SInt [SFoc [SFin

Em outras palavras, o sintagma de Força (SForça) e o sintagma de Finitude (SFin) seriam os limites mais alto e mais baixo, respectivamente, do Sistema SC. SForça é o lugar das intenções comunicativas do falante ao realizar diferentes atos de fala (perguntas, ordens, constatações etc.). SFin, a projeção mais baixa, é a interface entre a camada complementizadora e a camada flexional, afetando "a natureza finita ou não-finita da frase, distinções de modo, distinções temporais explícitas, concordância de sujeito licenciando caso nominativo" (Rizzi 1997: 283, 284). Vimos que isso acontece em Kuikuro, se olharmos de novo para os exemplos em (44) e (46). Entre SForça e SFin, estão outras projeções como a de Tópico (STop) e a de Foco (SFoc), que precedem e seguem, respectivamente, o sintagma interrogativo, quando este está presente, conforme vimos em (47b) e (47c).

4.3. Karajá

4.3.1. As palavras -*BO* em Karajá

Na língua Karajá, as perguntas do tipo sim/não são identificadas pela palavra **aõbo**, que aparece sempre como segundo constituinte da oração. Compare, por exemplo, a frase declarativa em (50), com a frase interrogativa sim/não, em (51):

(50) *a-biòwa orera-my robira ahu-ki*
       2- amigo jacaré-POSP ver lago-em
       'teu amigo viu um jacaré no lago'

(51) *a-biòwa **aõbo** orera-my robira ahu-ki?*
       2-amigo **Q** jacaré-POSP ver lago-em
       'teu amigo viu um jacaré no lago?'

As duas frases são quase idênticas, diferindo apenas pela presença da palavra *aõbo*, na frase interrogativa. Assim, quando queremos fazer uma pergunta do tipo sim/não em Karajá, basta colocarmos em segunda

130   A periferia esquerda da Oração

posição de constituinte, na frase declarativa, a palavra *aõbo*. Observe que a palavra *aõbo* pode ser decomposta em duas partes ou morfemas: aõ + bo. O morfema indefinido [-humano] **aõ** aparece em outras palavras, tais como *aõna* 'coisa', *aõni* 'espírito, tipo de coisa'. O morfema interrogativo **-bo** também aparece em outras palavras interrogativas, em Karajá, justamente aquelas que usamos em construções para fazer o segundo tipo de pergunta de que falamos acima: as interrogativas que não podem ser respondidas com 'sim' ou com 'não', mas que requerem que se dê uma informação como resposta. Nesse caso, a palavra interrogativa aparece, geralmente, em primeira posição na frase. Os exemplos a seguir ilustram duas perguntas interrogativas desse tipo:

(52)   Interrogativa de coisa não humana:
       aõbo haloè rirubunyra ahu-ki?
       o que onça matou lago-em
       'o que a onça matou no lago?'

(53)   Interrogativa de pessoa:
       mõbo haloè rirubunyra ahu-ki?
       quem onça matou lago-em
       'quem a onça matou no lago?'

Qual a diferença entre as interrogativas (52) e (53)? As duas perguntas só diferem pela palavra interrogativa, no início das frases. A resposta para a pergunta (52) poderia ser, por exemplo, õri inatxi 'duas antas', mas a pergunta (53) teria que ser respondida, por exemplo, por *ixyju inatxi* 'dois índios bravos' ou por um nome de pessoa. Isso ocorre porque a palavra interrogativa *mõbo*, além de conter a partícula interrogativa *-bo*, é também formada pelo morfema indefinido *mõ*, que carrega o traço [+humano], que indica pessoa. O quadro a seguir apresenta um conjunto de palavras interrogativas ou palavras *-BO* em Karajá. Note que, na composição interna de várias delas, pode-se identificar claramente não só o traço –*BO*, interrogativo QU, mas também os morfemas que indicam, coisa, pessoa, lugar, tempo:

Quadro 1 - Palavras BO de composição transparente em Karajá

aõ-bo	*mõ-bo*	*ti-ki-bo*	*ti-u-bo*
coisa-Q	pessoa-Q	lugar-Q	tempo-Q
'o que'	'quem'	'onde'	'quando'

Em outras palavras interrogativas –BO, os morfemas constituintes não são tão claramente identificáveis, tais como *timybo* 'como', *tiwàsebo* 'quantos' ou *aõherekibo* 'por que', mas, o morfema –BO está sempre presente. Queremos chamar a atenção do leitor para duas questões:

- Pode-se utilizar a palavra ***aõbo*** que marca as interrogativas sim/não concomitantemente com as palavras interrogativas -BO, em interrogativas informacionais?
- Como as palavras interrogativas -BO se compõem com posposicões, formando constituintes equivalentes a sintagmas preposicionais do português como 'para que', 'com que', 'de que' etc?

Para responder a primeira questão, vamos inicialmente comparar duas frases em Karajá, como (54) e (55):

(54) *kai aõbo temyta*
você Q pegou
'Você pegou?'

(55) *aõbo kai temyta*
o que você pegou
'o que você pegou?'

Note que a resposta à frase (54) poderia ser *kohe* 'sim' ou *kõre* 'não', referindo-se, por exemplo a algum peixe, em uma pescaria. Já, na frase (55), a resposta poderia ser, por exemplo *hariwa sohoji* 'um pacu', não cabendo responder com sim ou não. A frase (54) é um outro exemplo de construção interrogativa do tipo sim/não, enquanto a frase (55) ilustra outra interrogativa informacional, como já vimos acima. A questão que os linguistas têm procurado investigar em muitas línguas

132 A periferia esquerda da Oração

é se seria possível usar a partícula interrogativa sim/não, também em construções interrogativas informacionais. Em Karajá, isso não parece possível, pois os falantes de Karajá julgam uma construção com esse acúmulo, como agramatical:

(56) *aõbo kai aõbo temyta?
o que você Q pegou
'O que você pegou?'

O Karajá segue um princípio universal de economia, ou seja, um princípio que está presente em todas as línguas, evitando o exagero de recursos gramaticais desnecessários. Em todas as línguas, as frases devem ser identificadas, de alguma forma, quanto ao seu tipo ou força, se são interrogativas, declarativas, relativas etc. Entretanto, conforme proposto pelo linguista Noam Chomsky (1991), que estuda as propriedades universais da linguagem, as línguas seguem um Princípio de Economia da Derivação que, neste caso, bloqueia o uso da partícula interrogativa sim/não junto com a palavra interrogativa informacional BO, que já tipifica, posicionada no início da frase, a sua força interrogativa.

A segunda questão que abordaremos, para concluir esta seção, diz respeito ao fato de que as palavras interrogativas têm uma estrutura interna facilmente decomponível, como ilustrado no quadro (1), acima. Sendo uma língua aglutinativa, o Karajá permite isolar os morfemas constituintes das palavras muito claramente, em contraste com o português que, sendo fusional, nem sempre apresenta recorte tão claro, como se pode constatar, por exemplo, aõ-bo 'que' ou mõ-bo 'quem'. Esta propriedade de decomponibilidade morfológica das palavras interrogativas presente em Karajá permite a incorporação de nomes no seu interior, para formar perguntas como as ilustradas a seguir:

(57) aõ-**utura**-bo kai temyta?
coisa-peixe-Q você pegou?
'Que peixe você pegou?'

(58) mõ-**utura**-bo kaa rare?
pessoa-peixe-Q este ser
'de quem é este peixe?'

A periferia esquerda da oração 133

Finalmente, observe-se que esta incorporação de elementos no interior do vocábulo interrogativo, em Karajá, também se estende às posposições. Quando a regência verbal prevê a presença desses elementos na frase, os mesmos também são incorporados ao interior dos vocábulos -BO, conforme ilustrado a seguir:

(59) *mõ-wyna-bo kai tohonyte kau?*
pessoa-com-Q você sair ontem
'com quem você saiu ontem?'

(60) *aõ-utura-bo kai temyta?*
coisa-peixe-Q você pegou?
'Que peixe você pegou?'

(61) *mõ-utura-bo kaa rare?*
pessoa-peixe-Q este ser
'de quem é este peixe?'

(62) *mõ-rbi-bo kai kaa may temyta?*
pessoa-de-Q você esta faca pegar
'de quem você pegou esta faca?'

(63) *aõ-di-bo juwata temyta?*
coisa-com-Q piranha pegar
'com que (você) pegou a piranha?'

Se um sintagma nominal quantificado é argumento de um verbo que requer partícula posposicional, tanto o nome quanto a partícula são infixados na palavra interrogativa. Exemplos dessas estruturas se seguem:

(64) *aõ-ijyy-my-bo kai telyyta kau?*
coisa-história-Posp-Q você contar ontem
'Que história você contou ontem?'

(65) *mõ-hawyy-dee-bo kai may tewahinyta?*
pessoa-mulher-para-Q você faca deu
'Para que mulher você deu a faca?'

134 A periferia esquerda da Oração

Um outro caso interessante do morfema **BO**, em Karajá é o operador condicional *txibo*. Na Gramática Universal, sabe-se que uma palavra na periferia esquerda da oração pode selecionar afixos morfológicos específicos no sistema flexional. Em Karajá, o operador condicional *txibo* implica uma flexão morfológica específica na forma verbal, o sufixo–*keki*, como exemplificado em (66) e (67). Essa espécie de concordância entre um elemento na periferia esquerda e um sufixo na camada flexional ilustra, na língua Karajá, a relação entre o SC e o SF, prevista por Rizzi, que revisamos na introdução ao presente capítulo. Usando a metáfora do deus Jano, de dupla face, proposta por Rizzi, aqui, um elemento da camada complementizadora, a palavra -bo *txibo* olha para a camada flexional a seguir e exige o uso do sufixo -*keki*.

(66) *txibo kua habu ixy   r-i-rubuny-keki, i-riorè r-i-sa-õ-ke*
se aquele homem porcão 3-VT-matar-SUBJV, 3-criança 3-VT-fome-NEG-COND
'Se aquele homem tivesse matado o porcão, seu filho não estaria com fome'

(67) *txibo kai b-i-heteny-keki,   weryry   r-a-hiny-kre*
se você 2-VT-bater-SUBJV,   menino   3-VT-chorar-FUT
'Se você bater nele o menino vai chorar'

Note que a dependência estrutural obrigatória entre o operador *txibo* e o sufixo verbal-*keki* é exemplificada em (68) e (69). Em (68), a ideia de condição é substituída pela ideia de tempo e, portanto, o sufixo –*kre* que indica tempo futuro deve ser usado, ao invés de -*keki*, como demonstrado pela agramaticalidade de (69):

(68) *kai b-i-heteny-kre-u, weryry r-a-hiny-kre*
você 2-VT-bater-FUT-quando, menino 3-VT-chorar-FUT
'Quando você bater nele, o menino vai chorar.'

(69) **kai b-i-heteny-**keki**-u weryry r-a-hiny-kre*
você 2-VT-bater-SUBJV-quando menino 3-VT-chorar-FUT
'*Quando você **batesse** nele o menino vai chorar'

Em resumo, as palavras interrogativas em Karajá são invariavelmente formadas pela composição de uma ou mais raízes indefinidas com o traço-QU –bo. Os dados em (70) descrevem a constituição básica das palavras QU ou palavras -BO em Karajá:

(70)
   a. *aõ+bo*
      coisa Q
      'O que'

   b. *mo +bo*
      pessoa Q
      'Quem'

   c. *ti + wàse + na + bo*
      base + Igual nominalizador Q
      'Qual'

   d. *ti + ki +bo*
      base + em+ Q
      'Onde'

   e. *ti + u + bo*
      base +tempo + Q
      'Quando'

   f. *ti + my + bo*
      base + para + Q
      'Como'

   g. *ti + wàse + bo*
      base + igual+Q
      'Quantos'

   h. *aõ + he + re + ki + bo*
      coisa + enfático + Tempo + em + Q
      'Por que'

Havendo apresentado uma descrição das palavras QU na língua Karajá, propomos, agora, representar a sua configuração estrutural interna. Buscando a adequação explicativa, seguimos Abney (1987), que explora a possibilidade de que um SN tenha duas projeções, a saber, uma projeção lexical que tem como núcleo N e uma projeção funcional que tem como núcleo D. Esta estrutura nos permitirá analisar uma palavra interrogativa composta como *aõ-utura-bo*, apresentada no exemplo (58) acima, como em (71):

(71)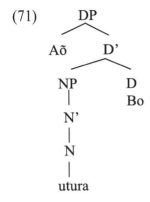

Uma frase como (64), em que sintagma nominal quantificado é argumento de um verbo que requer partícula posposicional tendo tanto o nome quanto a partícula infixados na palavra interrogativa, poderia ser representado na árvore (72):

(72)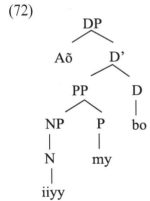

Em conclusão, tendo uma constituição aglutinativa, a língua Karajá exibe traços -QU que, como procuramos demonstrar, permitem uma segmentação bastante clara. Nossa análise da constituição sublexical das palavras -*BO* em Karajá propõe que o elemento -*bo* seja o núcleo de sua categoria funcional, permitindo-nos capturar sintaticamente o paralelismo morfológico que existe entre essas construções.

4.3.2. Construções de tópico e foco em Karajá

As construções de tópico em Karaja são formadas pelo movimento do SN topicalizado para uma posição na periferia esquerda da oração, como exemplificado pelo contraste entre (73) e (74):

(73) *isè kua ijadoma-my robira hawa-ki*
a mãe dela aquela menina-ACCviu aldeia-em
'A mãe dela viu aquela menina na aldeia'.

(74) *kua ijadoma-my, isè tuu robira hawa-ki*
aquela menina-ACC sua mãe 3 viu aldeia-em
'Aquela menina, a mãe dela a viu na aldeia'.

Note que a construção em (74) deve obrigatoriamente incluir o clítico resumitivo de terceira pessoa *tuu*, em Karaja. Sem o clítico, a sentença se torna agramatical, como mostrado em (75):

(75) **kua ijadoma-meu, isè robira hawa-ki.*
aquela menina-ACC sua mãe viu aldeia-em
'Aquela menina, sua mãe viu na aldeia.'

Em distribuição complementar com a partícula interrogativa *aõbo*, o morfema funcional livre *dori* ocorre consistentemente à direita do SN ao qual se refere. Analisamos *dori* como uma partícula de foco, talvez uma construção clivada, que, ao contrário da construção de tópico, introduz informação nova. A interpretação de uma frase como (76) difere da interpretação de uma sentença como (77), porque em (76), o SN *Kua ijadoma-my* expressa informação velha, enquanto em (77) o SN tem uma interpretação focal, isto é, constitui a nova informação em si.

(76) *kua ijadoma-my dori isè robira hawa-ki.*
aquela menina-ACC FOC sua mãe viu aldeia-em
'Foi aquela menina que sua mãe viu na aldeia.'

Observe que, agora, não é possível coindexar o SN focalizado com o clítico resumptivo. Um dos diagnósticos para distinguir o tópico e o foco é exatamente a impossibilidade de incluir o clítico resumptivo nas construções de foco. Trata-se de mais um exemplo da relação entre elemento da periferia esquerda e camadas mais baixas da oração. Este fato é exemplificado em (77):

(77) **kua ijadoma-meu dori isé tuu robira hawa-ki.*
aquela menina-ACC FOC sua mãe 3 viu aldeia-em
'Foi aquela menina que sua mãe a viu na aldeia.'

(78) Análise sintática arbórea da construção de Tópico em Karajá

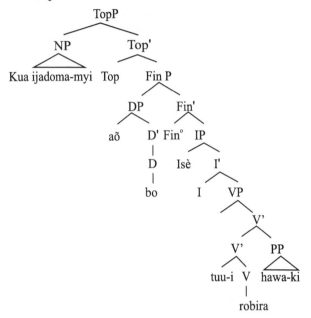

(79) Análise sintática arbórea da construção de foco em Karajá

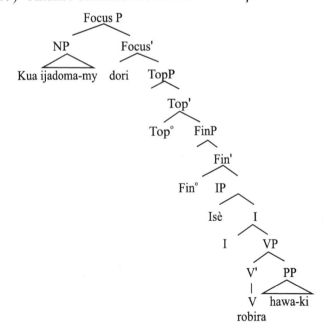

4.4. Paumari

As sentenças interrogativas, de foco e de tópico do Paumari fornecem evidências para a existência de uma periferia esquerda com diferentes projeções funcionais para onde certos constituintes devem ser deslocados ou onde são inicialmente inseridos.

Vejamos como cada uma dessas construções se manifesta na língua Paumari.

4.4.1.As Construções interrogativas

(i) As interrogativas sim/não

As perguntas Sim/Não do Paumari possuem entoação ascendente no final da oração, conforme afirma Chapman (1986). Para transformar uma sentença afirmativa, como (80a), em interrogativa,como (80b), sufixa-se ao verbo a partícula *mani*, que precede todas as desinências verbais[4]:

(80)
    a. *i-noki-ki*   *ida*   *kodi-hado*
        2SG-ver-MD.F   minha-faca
        'Você viu a minha faca.'
    b. *i-noki-**mani**-ja*   *ida*   *kodi-hado*
        2SG-ver-MANI-MD.F   DET.F   minha-faca
        'Você viu a minha faca?' (Chapman & Derbyshire, 1991:202)

Nas respostas afirmativas às perguntas Sim/Não, o uso de *mani* é opcional, como mostra (81). Neste caso, a partícula parece ter apenas valor enfático:

(81) *há'a.*   *o-noki-(**mani**)-já*   *oni*
     sim   1SG-querer (-MANI-)MD.F   DET.F
     'Sim, eu a vi (realmente)'

Com base na observação dos dados, pode-se concluir que nas perguntas polares, *mani* funciona como uma partícula interrogativa e por isso, tem uso obrigatório. Já nas respostas afirmativas, *mani* parece ter o estatuto de uma partícula de foco, o que explica o seu uso opcional.

140 A periferia esquerda da Oração

Passamos agora à descrição das interrogativas do tipo QU.

(ii) As interrogativas QU-

As perguntas QU- do Paumari podem apresentar diferentes configurações, dependendo do tipo, sendo que a maioria delas envolve o deslocamento de sintagmas interrogativos para a periferia esquerda da oração.

As palavras QU- existentes na língua estão ilustradas no quadro a seguir onde é possível observar que três delas se iniciam por 'N':

NAHINA	'QUEM?/O QUÊ?'
NIHA	'COMO?/POR QUÊ?'
NIHAFORI	'QUANTOS?'
HANA	'QUAL?/'ONDE?'

Apresentamos a seguir dois tipos de interrogativas que se diferenciam entre si segundo a função sintática dos constituintes interrogados[5].

(iii) As interrogativas de argumentos (A, S e O)

Nas interrogativas de sujeito intransitivo (S) e de objeto (O), a palavra interrogativa é deslocada para a esquerda da oração, sendo seguida pelo determinante[6]:

(82) *[nahina   ida]   Ø-   abini-ja*
     quem DET.F   3- morrer-MD.F
     'Quem morreu?   (Chapman & Derbyshre: 263)

(83) *[nahina   ida]   i-nofi-já*
     o que   DET.F   2SG-querer-MD.F
     'O que você quer?'   (Chapman & Derbyshre: 263)

Compare (82) com (84) a seguir onde é possível perceber o uso opcional da partícula *mani*. Neste contexto, *mani* também parece ser um marcador de foco:

(84) *[nahina   mani   ida]   i-nofi-já*
     o que   MANI   DET.F   2SG-querer-MD.F
     'O que é que você quer?'   (Chapman, 1983: 9)

Nas interrogativas de sujeito transitivo (A) ocorre um outro morfema *-vani-* de uso opcional e que Chapman & Derbyshire (1991) analisam como uma partícula de foco:

(85) **Nahina (vani-*a*)**   bi-ka-na-abini-ra   hada   kasi'i
     quem   (VANI-erg) 3-APPL-CAUS-morrer-MD.M   DET.M
     jacaré
     'Quem (é que foi que) matou o jacaré?' (Chapman, 1983: 28)

4.4.2. As construções de foco

As respostas às interrogativas QU- constituem foco informacional por introduzir informação nova. Em Paumari, o foco informacional também aparece deslocado à esquerda da oração seguido pelo determinnate, como mostra (86), a resposta para as perguntas (82) e (84): 'O que você quer?'. Note-se que *mani* também é opcional nesses contextos:

(86) **paha (mani) hida**   *o-nofi-já*
     água   (MANI)   DET.F   1SG-querer-MD.F
     'Água (é que)eu quero'   (Chapman &Derbyshre: 177)

As respostas para as interrogativas de sujeito transitivo (A) apresentam opcionalmente a partícula enfática *vani*. (87) é a resposta para a pergunta em (85) 'Quem matou o jacaré?':

(87) **Kodi-abi'i vani-a**   *bi-ka-na-abini-ra*   'o
     Meu-pai   VANI-ERG 3- APPL-CAUS- morrer-MD.M
     DET.M
     'Foi meu pai (que) o matou'   (Chapman, 1983: 28)

4.4.3. As construções de tópico

O tópico da oração ocorre deslocado na periferia esquerda. Quando S e O são topicalizados, o determinante e o SN se deslocam juntos, mantendo a mesma ordem em que aparecem em posição pós-verbal: DET SN. Nos exemplos a seguir, o tópico ocorre à esquerda do sintagma QU-:

(88) **[ida   kodi-abiha**[hana-ja   [kahoja-'i-ki]]]
     DET.F minha-flecha   onde-MD.F   estar-ASP-MD
     'A minha flecha, onde está?'   (Chapman &Derbyshre: 263)

(89) *ni-o-oga-ki* [*ida ikoaka* *nahina bi-nofi-ki]*
NEG-1SG-saber-MD DET.F anzol quem 3- querer-MD
'Eu não sei [o anzol, quem quer]]' (Chapman & Derbyshire: 273)

Agora vamos olhar mais atentamente para a derivação das construções anteriores apresentadas.

4.4.4. A constituição da periferia esquerda da oração

Observe que as interrogativas QU- de S e O e as suas respostas (foco informacional) apresentam a mesma constituição, como indicado a seguir:

(90) *[QU/FOC (mani)* *DET]*

Sugere-se, então, que essas construções sejam derivadas pelas mesmas operações sintáticas e que envolvam as mesmas projeções funcionais na periferia esquerda. Tanto a palavra QU- quanto o foco se deslocam de suas posições de base em SF para [Espec, SFoc]. As partículas de foco são concatenadas ao núcleo Foc. Mas onde representar o determinante que, para muitos, é um demonstrativo que faz parte do SN?

Segundo Chapman & Derbyshire, 'é mais fácil descrever a função e a distribuição dos demonstrativos se eles não forem considerados como parte do sintagma nominal, mas como um constituinte separado na oração'. Essa observação se baseia no fato de que DET pode exercer inúmeras funções: demonstrativo, pronome, advérbio e complementizador, como ilustra o exemplo a seguir em que o determinante ocorre como um conector de orações:

(91) *o-nofi-ki* [*ida* *ho-ra* *i-no'a-vini* *ihai-a]*
1SG-querer-MD DET.F 1SG-ACC 2SG-dar-TR remédio-OBL
'Quero **que** você me dê remédio'

Como bem descreve Chapman (1983:10 e 12) *ida* indica distância temporal ou locativa e *hida/oni*, proximidade temporal ou locativa. Os exemplos fornecidos pela investigadora parecem indicar que o determinante nas interrogativas de S e O influencia na interpretação temporal da oração, como ilustram (92a) e (92b)[7]:

A periferia esquerda da oração 143

(92)

a. *nahina   mani   **ida**   i-há-já*
    o que   MANI   DET.F   2SG-comer-MD.F
    'O que você comeu?'   (CHAPMAN, 1983: 10)

b. *nahina   mani   **'oni**   i-ha-ja*
    o que   MANI   DET.F   2SG-comer-MD.F
    'O que você está comendo?'   (CHAPMAN, 1983: 10)

Esse tipo de evidencia nos leva a acreditar que o determinante nas interrogativas de S e O esteja vinculado ao núcleo de SFin, influenciando, assim, a interpretação do tempo verbal.O determinante do Paumari tem comportamento semelhante aos dêiticos descritos para o Kuikuro responsáveis pelas informações de definitude e finitude da oração. Na verdade, o determinante tem várias funções, dependendo da posição estrutural que ocupa. Pode ser um complementizador no núcleo de SFin, mas também pode ser um determinante no núcleo de SD.

Com base nessas informações, pode- se sugerir (93) como a representação de uma interrogativa como (84)[8]:

(93) $[_{FocP}$ ***nahina****$_i$ $[_{Foc}$**mani** $[_{FinP}$**ida** $[_{IP}$**i-nofi-já** t$_i$]]]]*
    o que   MANI   DET.F   2SG-querer-MD.F
    'O que é que você quer?'

Ao se observar as construções com topicalização, percebe-se que o tópico ocorre à esquerda do sintagma QU-. Então, tem-se evidência estrutural para postular a existência de uma posição para tópico alto, acima de SFoc em Paumari, como sugere (94):

(94) $[_{TopP}$***ida kodi-abihai*** $[_{FocP}$***hanaja*$[_{IP}$*kahoja-'i-ki** t$_i$]]]*
    DET.F minha- flecha onde   estar-ASP-MD
    'Minha flecha, onde está?'

Com base nos dados analisados, pode-se concluir que o Paumari tem uma periferia esquerda semelhante àquela proposta por Rizzi (1997, 2004) para as línguas naturais, conforme ilustra (95):

(95) ForceP>TopP>FocP>FinP> IP

144 A periferia esquerda da Oração

4.5. Considerações finais

Neste capítulo, analisamos dados das línguas Guarani Mbyá, Tupinambá, Kuikuro, Karajá e Paumari, à luz de postulados da Gramática Universal, mais especificamente de generalizações sobre a periferia esquerda da oração. Como se viu, em todas essas línguas se observa o movimento de interrogativas-QU e de SNs topicalizados e focalizados para o Sintagma mais alto que, conforme proposto na Gramática Universal pode ser expandido para abrigar esses elementos. Conforme analisado por Chomsky, as palavras interrogativas podem ter um traço explícito, como o morfema *WH* em inglês, que em português é QU, como exemplificado em pronomes interrogativos como *who* 'quem', *what* 'o quê', *when* 'quando', entre várias outras. Como vimos, em Guarani Mbyá e em Tupinambá, essas palavras começam, geralmente, por [m], como, por exemplo *mamõ* 'onde?'. Em Karajá, o morfema QU é, nitidamente, a forma *BO*, como em *mõbo* 'quem', *aõbo* 'o quê', *tiubo* 'quando', entre várias outras. Em Kuikuro, há dois morfemas QU: *tü* e *uN*, sendo que somente *tü* pode ser usado em interrogativas de argumento (sujeito, objeto) e sendo que ambos podem receber sufixos locativos, de movimento, instrumental e comitativo, entre outros. Em Paumari, as principais palavras interrogativas se iniciam por [n]. Em todas as línguas examinadas, registra-se o movimento do Sintagma-QU para a periferia esquerda da oração.

No que diz respeito às interrogativas Sim/Não ou polares, em Guaraní Mbyá e em Tupinambá, estas construções são formadas, respectivamente, pelo acréscimo das partículas *pa* e *pe*. Em Kuikuro, as construções polares são frequentemente introduzidas pela partícula *angí*, sozinha ou seguida pela partícula de modalidade epistêmica *niküle*. Em Karajá, a partícula *aõbo*, em segunda posição de constituinte tipifica a interrogativa sim/não. Em Paumari, essas interrogativas são marcadas pela partícula - *mani-* que se agrega ao verbo, precedendo todas as desinências verbais, podendo, no entanto, ser opcional nas respostas afirmativas às perguntas Sim/Não.

Tendo o movimento de QU tipificando a interrogação, a partir das análises apresentadas nenhuma das línguas em estudo registraria a coocorrência da partícula interrogativa com o movimento de QU, conforme predito pelo princípio de tipificação oracional proposto por Lisa Cheng para a Gramática Universal. Em todas as línguas indígenas examinadas nesse capítulo encontram-se construções de tópico e de foco, indicando que a estrutura informacional em que se insere a frase pode ser identificada através de movimento e de partículas na periferia esquerda da oração, conforme previsto na Gramática Universal. Além dessa função da periferia esquerda de abrigar elementos que 'olham' para seletores mais altos, em Karajá e em Kuikuro, identificaram-se ainda elementos nessa camada da oração que podem selecionar afixos morfológicos específicos no sistema flexional, como acontece em Karajá, ou condicionar a interpretação temporal da camada flexional, como é o caso dos dêiticos ou demonstrativos em Kuikuro e em Paumari, conforme predito para a periferia esquerda na Gramática Universal.

4.6. Exercícios

1. Analise os dados a seguir da língua indígena brasileira Karajá e do Chinês Mandarim e faça generalizações descritivas comparativas sobre as construções interrogativas nessas línguas. Seria possível propor um princípio explicativo para dar conta desses dados?

Karajá

(1) *Kua weryry hirari ritorunyre*
aquele menino menina empurrou
'Aquele menino empurrou a menina'

(2) *Mobo kua weryry ritorunyre?*
quem aquele menino empurrou
'Quem aquele menino empurrou?'

(3) *Kua weryry aõbo hirari ritorunyre?*
aquele menino Int menina empurrou
'Aquele menino empurrou a menina?'

(4) *Mobo aõbo kua weryry ritorunyre?
quem Q aquele menino empurrou
'Quem aquele menino empurrou?'

Chinês

(5) *Neka nãhaizi toeila neka nühaizi*
aquele menino empurrou aquela menina
'Aquele menino empurrou aquela menina'

(6) *Neka nãhaizi toeila soei?*
aquele menino empurrou quem
'Quem aquele menino empurrou?'

(7) *Neka nãhaizi toeila neka nühaizi ma?*
aquele menino empurrou aquela menina Q
'Aquele menino empurrou a menina?'

(8) *Neka nãhaizi toeila soei ma?
aquele menino empurrou quem Q
'Quem aquele menino empurrou?'

Nota: O asterisco indica frase agramatical, isto é, frase que não pode ser gerada.

2. De que maneira os dados a seguir da língua indígena brasileira Xavante (dados Oliveira, 2003) sugerem a reformulação de aspectos da generalização descritiva ou do princípio explicativo proposto acima, para o Karajá e para o Chinês?

Xavante

(1) *aibö mo ma tô pedzô ahömhö*
homem ir 3ª pas. pescar ontem
'O homem foi pescar ontem'

(2) *E aibö mo ma tô pedzô ahömhö*
Q homem ir 3ª pas. pescar ontem
'O homem foi pescar ontem?'

(3) *E 'wai – ma ma i – tsõ tebe hã*
Q quem – para 3ª 2ª - dar peixe ENF.
'Para quem você deu o peixe?'

(4) * *'wai – ma ma i – tsõ tebe hã*
quem – para 3ª 2ª - dar peixe ENF.
'Para quem você deu o peixe?'

3. Coloque as palavras em ordem para gerar construções interrogativas em Tupinambá e Guarani:

Tupinambá

1) O que a chuva molhou?

_____

pe, oimoakym, amana, mbaé (INT, molhou, chuva, o que)

2) Quem me esperou?

_____

raarõ, pe, xe, abá (esperou, INT, me. Quem)

Guarani

3)   (Foi) rede (que) a Ara fez?

_____

Ara, kya, ojapo, pa (Ara, rede, fez, Q)

4)   (Foi) a Ara (que) fez a rede?

_____

pa, kya, Ara, ojapo (Ara, Q, rede, fez)

5)   O que a Ara fez?

_____

pa, Ara, mba´e, ojapo (Q, Ara, fez, o que)

4.   Construa estruturas de foco (respostas às perguntas QU-) em Paumari, utilizando o vocabulário a seguir:

Vocabulário   Paumari
mani
vani-a
hida =DET.F
´o= DET.M
karágoahi= farinha(F)
kodi-ami-a = minha mãe
1POSS- mãe-ERG
aaso= titia(F)
jorai=esteira(M)
ihai= remédio(F)
i-ha-já 'estou comendo'
2SG-comer-MD.F
bi-namonaha-ra 'fez'
3-fazer-MD.M
kha-já 'está vindo'
Vir-MD.F
o-nofi-já 'quero'
1SG-querer –MD.F

148 A periferia esquerda da Oração

1) *nahina mani hida i-há-já?*
o que MANI DET.F 2SG-comer-MD.F
'O que você está comendo?

(É) farinha que estou comendo'

2) *nahina bi-namonaha-ra 'o jorai?*
quem   3-fazer-MD.M   DET.M esteira
'Quem fez a esteira?

(Foi) mamãe que fez a esteira

3) *nahina   mani   'oni   kha-já?*
quem   Mani   DET.F vir-MD.F
'Quem está vindo?

(É) a titia que está vindo'

4) *nahina mani 'ida i-nófi-já?*
o que MANI DET.F 2SG-querer-MD.F
'O que você quer?

(É) remédio que eu quero

---

[1] Chamamos o sufixo *-i* de cópula não verbal, por não ser um verbo flexionado, mas apenas um morfema preso, monossilábico e tônico. Caracteriza orações equativas (X é Y) com predicado nominal, como: *anetü ekise-i* (chefe aquele-COP), 'aquele é chefe'.

[2] São muitas as partículas (pequenas palavras) que, em Kuikuro, carregam significados de modalidades epistémicas. Elas especificam a força ilocucionária do enunciado, transmitindo atitudes e intenções do falante ou qualificando a fonte da informação que está sendo comunicada, como dúvida que requer esclarecimento, expectativa (positiva ou negativa), perplexidade e surpresa. Em sua maioria, ocorrem em segunda posição na oração, ou seja, logo após o primeiro constituinte.

[3] O sufixo *-ingo*, glosado como Futuro e com valor de 'necessidade', ocorre no verbo depois do Aspecto e pode ocorrer no nome (como, por exemplo, em português 'futuro esposo'); o que entendemos como Futuro Iminente é um Modo mais do que um Tempo. O aspecto verbal perfectivo pode ser interpretado como passado.

[4] Os sufixos do Modo Indicativo são: -*ki* (invariável) e -*hi* (fem.)/-*há* (masc.). Já os sufixos do modo interrogativo são: -*já*(fem.) /-*ra*(masc.). Estes últimos também são usados em estruturas de foco.

[5] Lembre-se que o Paumari possui um sistema de caso ergativo. Neste sistema, o sujeito intransitivo (S) e o objeto (O) apresentam o mesmo comportamento morfológico e sintático que se diferencia do comportamento do sujeito transitivo (A).

[6] Nas orações afirmativas, a ordem é SN DET, como mostram o exemplo (1).

[7] Nem sempre a ocorrência de *ida* se associa ao tempo de passado verbal nas traduções.

[8] Em algumas línguas o complementizador pode exibir marcas de concordância com algum argumento da oração. Este é o caso de Najdi, dialeto Árabe, como aponta Lewis Jr (2013:23).

5. A SINTAXE DAS PALAVRAS

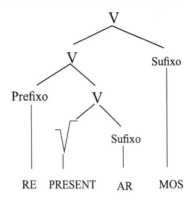

Convidamos o leitor a apreciar neste capítulo final, dados de línguas indígenas que nos levam para dentro da estrutura da palavra. Como vimos no capítulo *A Gramática Universal*, como existe a sintaxe da frase, existe também a sintaxe da palavra. Em todas as línguas descritas, as raízes podem se combinar com diferentes categorias sintáticas, ora se realizando como nomes, ora como verbos ou como adjetivos. Observamos também alternâncias de valência verbal, envolvendo morfemas incoativos, reflexivos, causativos e aplicativos. Todas essas possibilidades dependem das configurações sintáticas em que as raízes e as palavras são inseridas. Vamos, portanto apreciar, entre outros, dados em que processos de incorporação nominal e verbal são bastante produtivos, mostrando muito claramente, que a estrutura das palavras é gerada pelos mesmos mecanismos que geram as sentenças.

5.1. A formação de palavras em Guarani Mbyá e Tupinambá

5.1.1. Derivando nomes, verbos e adjetivos

Em Mbyá e Tupinambá, assim como em qualquer outra língua natural, as raízes lexicais neutras se tornam nomes, verbos ou adjetivos, ao se concatenarem a morfemas categorizadores, tais como enezinho/nominalizador, vezinho/verbalizador e azinho/adjetivizador, respectivamente. Dependendo de seus significados, algumas raízes se combinam mais naturalmente com um núcleo verbalizador, como as que denotam eventos, ao passo que outras se combinam melhor com um núcleo nominalizador, como aquelas que designam seres e objetos. Existem raízes, porém, que podem se concatenar a qualquer um dos morfemas categorizadores. Este é o caso, por exemplo, de *tuja* ("velho") na língua Mbyá que pode se tornar um nome, um verbo ou um adjetivo, dependendo dos núcleos categorizadores com os quais se combina sintaticamente, como mostram as representações em (1). Note-se que a maioria dos núcleos categorizadores do Guarani Mbyá tem realização zero, Ø; isto é, estão presentes estruturalmente, mas não são pronunciados:

Guarani Mbya

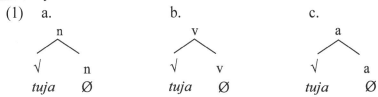

Os dados em (2) ilustram as ocorrências das palavras derivadas da raiz *tuja*[1]:

(2)
    a. ***tuja** o-karu* (nome)
       velho 3-comer
       'O velho comeu'
    b. *Ø-**tuja**   pojava* (verbo)
       3-velho rápido
       'Envelheceu/cresceu rápido'
    c. *Huvixa **tuja*** (adjetivo)   (cf.Dooley, 2013:184)
       chefe velho

Em Tupinambá, observam-se também vários casos de raízes neutras que podem ser realizadas como nome, verbo ou adjetivo e até mesmo como advérbio, como ilustram as ocorrências de ***porang*** em (3):

Tupinambá
(3)
    a. ***porang**-a* (nome)
       beleza-NMLZ
       'beleza'

b. *i-porang* (verbo)
3-bonito
'é bonito'
c. *nheẽ porang-a* (adjetivo)
voz bonita-ADJZ
'voz bonita' (Lemos Barbosa: 36)
d. *nheẽ porang* (advérbio)
falar bonito
'falar bonito/bem' (Lemos Barbosa: 348)

Como os nomes e os adjetivos do Tupinambá devem terminar em vogal, propõe-se, então, que o sufixo –*a*, presente nas palavras em (3a) e (3c) seja a expressão dos categorizadores e*nezinho* e *azinho*, respectivamente. Esse sufixo se torna visível apenas quando a raiz termina em consoante[2]. Quando a raiz termina em vogal, há queda (apócope) do sufixo -*a*[3], como em: *puku+ a- > pukua-> puku* ('comprido')[4]. (4) mostra a derivação do nome 'beleza' e do adjetivo 'belo' em Tupinambá:

Tupinambá
(4) a.   b.

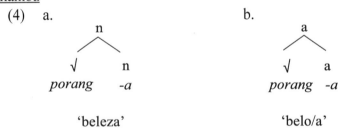

Depois de já estarem formadas, as palavras podem mudar de classe ao se concatenarem a outros morfemas categorizadores. Vejamos como se dá o processo de recategorização de palavras nas duas línguas aqui ilustradas.

5.1.2. A recategorização das palavras (mudança de classe lexical)

Diferentemente do Português, que possui inúmeros afixos para a expressão dos diferentes tipos de morfemas verbalizadores e nominalizadores, existem poucos afixos derivacionais em Guarani Mbyá e em Tupinambá, como mostramos a seguir.

5.1.2.1. A nominalização de verbos e adjetivos

(i)   O sufixo –*a* do Mbyá

Em Guarani Mbyá, o sufixo -*a* é a expressão do núcleo nominalizador no processo de recategorização. Ao se concatenar tal morfema a verbos e adjetivos, deriva-se um nome que pode denotar o evento, o estado, o agente (argumento externo), o tema (argumento interno) ou o local de realização do evento. O sintagma nominal que precede esse nome deverbal ou deadjetival pode ser interpretado como o possuidor, se o verbo for intransitivo ou como o tema, se o verbo for transitivo:

Guarani Mbyá

(5)

    a. *ava kyrĩgue o-juka* (verbo)
        homem crianças 3-matar
        'O homem mata crianças'

    b. *kyrĩgue juka-a*   (nome de agente)
        crianças matar-NMLZ
        'O matador de crianças'

(6)

    a. *ha'e ao   o-me'e*   *Ara pe* (verbo)
        ele   roupa 3-dar Ara para
        'Ele deu roupa para Ara'

    b. *ao me'e-a*   (nome de evento)
        roupa dar-NMLZ
        'doação de roupas'

(7)

    a. *kuaray r-aku*(adjetivo)
        sol POSS-quente
        'Sol quente'

    b. *kuaray r-aku-a*   (nome de estado)
        sol   POSS-quente-NMLZ
        'Calor do sol'

Para derivar o nome deverbal 'matador', em (5b), concatena-se o verbo 'matar' ao morfema nominalizador -*a*, como indica a representação em (8):

(8)

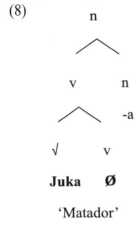

'Matador'

Em Guarani Mbyá, a ocorrência do nominalizador -*a* mostra com mais clareza se um nome de evento é derivado de uma raiz ou de um verbo. No primeiro caso, tem-se o nome que reflete o produto do evento (9b). No segundo caso, (9c), o nome denota o evento em si. Dessa maneira, é possível dizer que o verbo em (9a) e o nome em (9b) são derivados de uma mesma raiz, mas independentemente. Já o nome em (9c) se deriva do verbo em (9a). As representações em (10) ilustram essa proposta de análise:

(9)
    a. *o-poraei*   (nome)
       3-cantar
       'Ele cantou'
    b. *poraei*   (nome)
       canção
    c. *poraei-a* (nome deverbal)
       cantar-NMLZ
       'O cantar'

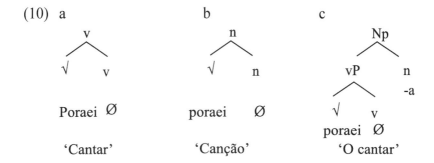

(ii) Os sufixos -(s)ara e -(s)aba do Tupinambá

Em Tupinambá, existem mais núcleos nominalizadores fonologicamente expressos do que em Guarani Mbyá[5]. Cada qual acrescenta um tipo de significado à palavra derivada. O sufixo *-(s)ara*, por exemplo, é empregado na derivação de nomes agentivos a partir de verbos transitivos apenas. O sintagma nominal que precede esse tipo de nome deverbal é o argumento interno com interpretação de tema:
Tupinambá
(11)
    a. *pindá o-monhang*   (verbo)
       anzol 3-fazer
       'Fez anzol'
    b. *pindá monhang-ara* (nome de agente)
       anzol   fazer-NMLZ
       'O fazedor de anzol'   (Lemos Barbosa: 259)

Para a nominalização do evento ou do estado, o verbo se concatena ao nominalizador -*(s)aba*:
Tupinambá
    (12) *îuka-saba*
           matar-NMLZ
           'Matança'   (Lemos Barbosa: 279)

    (13) ***maenduá'-saba***
           lembrar-NMLZ
           'Lembrança'   (Lemos Barbosa: 282)

A derivação do nome deverbal 'matança' em (12) está ilustrada em (14) em que se vê o verbo 'matar' encaixado como complemento do morfema nominalizador *-saba*:

(14)

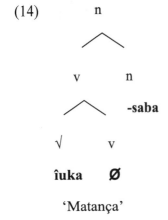

'Matança'

(iii) O sufixo *-va' e /bae*

Nas línguas da família Tupi-Guarani, há ainda um outro tipo de nominalizador *-va'e* (em Mbyá) e *bae*(em Tupinambá) -bastante produtivo, que pode se combinar a verbos intransitivos para expressar o agente. Nesse tipo de nominalização, o verbo mantém todas as suas flexões:

<u>Mbyá</u>
(15)
    a. *ava'i **o-nha*** (verbo)
       menino 3-correr
       'O menino correu'
    b. ***o-nha-va'e*** (nome)
       3-correr-NMLZ
       'Corredor'

<u>Tupinambá</u>
(16)
    a. *aba **o-nheeng*** (verbo)
       homem 3-falar
       'O homem fala'

b. *aba o-**nheeng-bae*** (nome)
homem 3-fala-NMLZ
'O homem falador (Lemos Barbosa: 257)

Um nome deverbal derivado da combinação de um verbo transitivo com *va'e/bae* expressa o argumento interno quando não ocorre um objeto explícito na construção, como em (17a). Quando há um objeto, a sua referência é o argumento externo, (17b). Vê-se, então, como a estrutura sintática influencia na interpretação do tipo da nominalização:
Guarani Mbyá
(17)
    a. ***o-'u-va'e***
       3-comer-NMLZ
       'O que comido/o comido' (Dooley, 2013: 183)
    b. *mbojape **o-'u-va'e***
       pão 3-comer-NMLZ
       'O comedor de pão'

É esse mesmo sufixo que nominaliza orações inteiras em Guarani Mbyá e Tupinambá. As construções assim nominalizadas se assemelham às orações relativas.A diferença entre elas é que as primeiras podem receber flexão nominal, como os marcadoresde tempo passado e de tempo futuro dos nomes,verificados em (18) e (19):
Mbyá
(18) [*Mboi ore ro-juka-* ***va'e***]***-kue*** *t-uixa*
      cobra nós 1PL-matar-NMLZ]-PST 3-grande
      'A cobra que nós matamos era grande'

Tupinambá
(19) *o-î-pysyk-**bae-rama***
      3-3-apanhar-NMLZ-FUT
      'Aquele/o que o apanhará'

Como *va'e/bae* se agrega a verbos flexionados e a orações, sugere-se que o seu domínio de nominalização é a oração inteira que pode ter argumentos realizados ou nulos, conforme sugere a representação de (18), em (20):

(20)

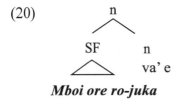

Mboi ore ro-juka

5.1.2.2. A verbalização de nomes

Em Mbyá e Tupinambá não existem afixos verbalizadores específicos, como em Português:-*ece* (envelhecer), -*ear* (golpear) e -*ejar*(gotejar). Contudo, há uma construção em que o nome aparece como o núcleo lexical do verbo. Trata-se das sentenças possessivas. Apesar de essas línguas possuírem um verbo possessivo independente, como ilustram as orações em (21a) e (22a), observa-se a ocorrência dessa outra estrutura em que o elemento possuído se torna o núcleo lexical do predicado[6], como em (21b), (22b) e (23). Esses verbos denominais são flexionados para tempo, modo, concordância e negação, assim como qualquer outro verbo regular dessas línguas:

Guarani Mbyá

(21)
    a. *xeea-reko-ta ajaka* (nome)
        eu   1SG-ter-FUT cesta
        'Eu terei cesta'
    b. *xee xe-ajaka-ta* (verbo)
        eu 1SG-cesta-FUT
        'Eu (terei) cesta'

(22)
    a. *xee a-reko-xe   xe-me* (nome)
        eu   1SG-ter-DES   1SG-marido
        'Eu quero ter marido'
    b. *xee xe-me-xe*
        eu   1SG-marido-DES
        'Eu quero ter marido'

Tupinambá
(23) *nda-xe-**membyr**-i*
NEG-1SG-filho-NEG
'Eu não tenho filho' (Lemos Barbosa: 145)

A derivação desses verbos possessivos envolve um nome que se verbaliza. Uma evidência de que esses verbos são derivados de um nome e não de uma raiz neutra vem do fato de que o significado deste nome continua ativo. O nome possuído pode ser modificado por adjetivos e por quantificadores como mostram os dados em (24) e (25):

Tupinambá
(24) **i-*py-pytang***
3-pé-vermelho
'Ele tem pé vermelho' (Lemos Barbosa: 146)

Guarani Mbyá
(25) *xee*   ***xe-kyxe-ta***   ***mokôi***
eu   1SG-faca-FUT duas
'Eu terei duas facas'

Em casos como (24), sugere-se que "pé" e "vermelho" formam um núcleo nominal complexo (nome + adjetivo), que é submetido ao processo de recategorização. Esse tipo de verbo denominal tem propriedades semelhantes aos verbos com incorporação nominal. Compare (24) com (26) a seguir, em que o nome incorporado, 'frutas', vem também modificado pelo adjetivo 'ácidas'. Em (27), o numeral 'dois' tem escopo sobre o objeto incorporado, "rios", assim como se observa em (25):

Tupinambá
(26) *nd'-ere-**ybá-aî**'-ú-i*
NEG-2SG-fruta-ácida-comer-NEG
'Não comas fruta ácida' (Lemos Barbosa: 207)

(27) *a-**y**-asab* ***mokõi***
1SG-rio-atravessar dois
'Atravessei dois rios' (Lemos Barbosa: 207)

160 A sintaxe das palavras

A semelhança entre verbos denominais possessivos e verbos com incorporação nominal é verificada também em outras línguas, como as da família Uto-Asteca, conforme reporta Haugen (2007). Para este autor, na derivação dos verbos denominais dessas línguas, há um *vezinho* que pede a incorporação de seu complemento para que seja pronunciado. Assim como a categoria lexical das palavras é determinada na sintaxe, a sua estrutura argumental também o é. Além dos morfemas categorizadores, há morfemas responsáveis pela alternância transitivo (causativo)/ intransitivo observada entre alguns verbos. Essa alternância também pode ser chamada de mudança de valência verbal.

5.1.3. Mudança de valência

A estrutura argumental dos predicados também é determinada sintaticamente por meio da concatenação de raízes ou de palavras a morfemas licenciadores de argumentos, como os causativos e os aplicativos, por exemplo. A mudança de valência em Guarani Mbyá e Tupinambá é realizada por meio de afixos específicos, com realização fonológica, como mostramos a seguir.

5.1.3.1. O morfema causativo

O morfema causativo expresso pelo prefixo *mbo/mo-*[7], ao se concatenar exclusivamente a verbos intransitivos, introduz um sujeito agentivo/causador- o argumento externo. Nos exemplos a seguir, os sintagmas nominais 'eu' e 'Poty' são licenciados como sujeitos agentivos nas versões causativas em (b), a partir do acréscimo do afixo causativo ao verbo. Nesses casos, o sujeito da contraparte intransitiva se realiza como objeto sintático:

Tupinambá

(28)
    a. *o-pytá*
        3-parar
        'Ele/ela parou'   (Lemos Barbosa: 128)
    b. *a-î-mo-pytá ygara*
        1SG-3-CAUS-parar canoa
        '**Eu** parei a canoa'   (Lemos Barbosa: 196)

Guarani Mbyá

(29)
    a. *okẽo-pẽ*
       porta 3-quebrar
       'A porta quebrou'
    b. **Poty** *o-**mo**-pẽ okẽ*
       Poty 3-CAUS-quebrar porta
       '**Poty** quebrou a porta'

Na derivação dos pares causativo/intransitivo, como em (29), tem-se dois morfemas atuantes. Um de realização abstrata que gera a forma verbal intransitiva e outro expresso pelo prefixo ***mo/mbo*** que deriva a contraparte causativa:

(30) a.

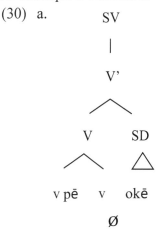

(30) b.

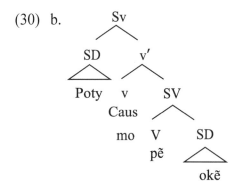

'Poty quebrou a porta'

Os verbos denominais possessivos exemplificados em (28)-(30) também podem ser causativizados com *mbo/mo-*, tornando-se transitivos. O significado do complexo assim formado envolve uma leitura composicional: fazer + ter+ nome, como indica a tradução de (31). Essa interpretação sugere que o morfema causativo, neste caso, se concatena a um verbo denominal "ter cesta":

Guarani Mbyá
(31) xee   a-**mbo-ajaka**-ta   Ara
     eu   1SG-CAUS-cesta-FUT   Ara
     'Eu farei Ara ter cesta'

O morfema causativo, além de licenciar um argumento externo, pode categorizar uma raiz, como em (32) cuja derivação se encontra em (33):

Guarani Mbyá
(32)
    a. **-ery**
       nome
    b. **mbo-ery**
       CAUS-nome
       'Dar nome'

(33)

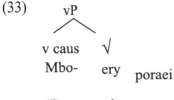

'Dar nome'

5.1.3.2. O morfema aplicativo

A função do morfema aplicativo é licenciar um objeto direto em construções intransitivas ou bitransitivas. Em Vieira (2001), sugerimos que as línguas da família Tupi-Guarani têm um morfema que pode ser classificado como aplicativo. Trata-se do morfema chamado de causativo-comitativo na literatura Tupi. Nos exemplos em (a) a seguir, tem-se um verbo intransitivo que não admite um complemento. Nos exemplos em (b), após a inserção do aplicativo *ro-* ao verbo, um objeto com significado de companhia é licenciado:

Tupinambá
(34)
    a. *a-ker*
       1SG-dormir
       'Eu dormi'
    b. *a-ro-keraoba*
       1SG-APPL-dormir roupa
       'Eu dormi (com) a roupa'   (Lemos Barbosa: 196)

Guarani Mbyá
(35)
    a. *a-nha*
       1SG-correr
       'Eu corri'
    b. *a-ro-nhajagua*
       1SG-APPL-correr cachorro
       'Eu corri (com) o cachorro'

Na derivação das construções em (b) acima, o objeto aplicativo é introduzido na posição de especificador da projeção do núcleo aplicativo:

(36)

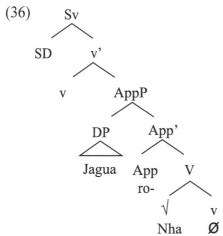

'Corri (com) o cachorro'

164 A sintaxe das palavras

5.1.3.3. O morfema reflexivo

Não há voz passiva nas línguas da família Tupi-Guarani, mas há voz reflexiva que intransitiviza o verbo transitivo por meio do prefixo *îe/je~nhe*:

Tupinambá

(37)
    a. *a-î-pysyk*
       1SG-REFL-segurar
       'Eu o seguro'
    b. *a-îe-pysyk*
       1SG-REFL-segurar
       'Eu me seguro'   (Lemos Barbosa: 126)

Uma evidência de que o verbo reflexivo é intransitivo vem do fato de que pode ser causativizado com o morfema causativo *mbo/mo-*, tornando-se transitivo de novo. Esses processos de causativizaçãoe reflexivização podem ser recursivos, conforme ilustram os dados a seguir:

Guarani Mbyá

(38)
    a. *i-xyo-mo-porã kunha*   (causativização)
       3-mãe 3-CAUS-bela mulher
       'A mãe embelezou a mulher'
    b. *kunhao-nhe-mo-porã*   (reflexivização-causativização)
       mulher 1-REFL-CAUS-bela
       'A mulher se embelezou'
    c. *i-xyo-mo-nhe-mo-porã kunha*
       3-mãe 3-CAUS-REFL-CAUS-bela mulher
       'A mãe fez a mulher se embelezar'
       (causativização-reflexivização-causativização)

5.1.4. Conclusões

Como se viu nesta seção sobre as línguas Tupi-Guarani, tem-se evidências claras de que a formação das palavras ocorre na sintaxe. Tanto a categorização das raízes quanto a estrutura argumental dos predicados são definidas sintaticamente pelas mesmas operações com que se constroem os sintagmas e as sentenças.

O fato de que o Guarani Mbyá e o Tupinambá permitem incorporação nominaltorna a proposta sintática para a derivação das palavras ainda mais convincente. Note-se nos exemplos a seguir que uma palavra em Tupinambá pode ser constituída pormorfemas gramaticais e lexicais, correspondendo assim a sentenças inteiras. O dado (39) mostra um fenômeno muito interessante. Em (39a), todos os constituintes oracionais são sintaticamente independentes. O verbo da oração principal é seguido por seu complemento oracional cujo verbo segue o seu complemento nominal. Em (39b), o verbo do complemento oracional ocorre incorporado ao verbo principal, se afastando assim de seu complemento lexical. Já em (39c), tem-se apenas uma palavra onde o complemento nominal do verbo encaixado ocorre incorporadoa ele que, por sua vez, está incorporado ao verbo principal:

(39)

    a. *nd'a-î-potar*-i   *soó-r-esá* r-*epîak*-a
       NEG-1SG-3-querer-NEG bicho-POSS-olho POSS-ver-GER
       'Não quero ver os olhos do bicho'

    b. nd' *a-s-epîá'-potar*-i   *soó-r-esá*
       NEG-1SG-3-ver-querer olho-POSS-bicho
       'Não quero ver os olhos do bicho' (Lemos Barbosa: 149)

    c. *nd' a-soó-r-esé-epîá'-potar*-i
       NEG-1SG-bicho-POSS-olho-ver-querer-NEG
       'Não quero ver os olhos do bicho' (Lemos Barbosa: 149)

5.2. A sintaxe da palavra em Kuikuro

O leitor já sabe que o Kuikuro é um exemplo quase perfeito de uma língua aglutinante, já que as próprias palavras são construções a partir da junção de morfemas, muitas vezes de muitos morfemas. Assim, podemos, sem muitas dificuldades, reconhecer cada um dos morfemas que compõem uma palavra e cortar a mesma nas fronteiras entre um morfema e outro, como se fizéssemos uma cirurgia num corpo para separar suas partes constituintes. Vejamos dois exemplos com os

166 A sintaxe das palavras

quais ilustramos as estruturas de uma palavra verbal e de uma palavra nominal, estruturas particularmente complexas, ao ponto de cada uma delas poder ser traduzida como uma frase.

(40) *at-tagi-^{n}kgugi-Ø-küN-ko-ingo-la*
      2.DTR-fala-duro-VBLZ-PNCT-PL-FUT-NEG
      'vocês não devem usar palavras duras entre vocês'

(41) *t-et-inha-ha-Ø-nhü-ko-ingo-la*
      PTP-3.DTR-comida-VBLZ-PTP-NANMLZ-PL-FUT-NEG
      'futuro não-comedores / aqueles que não irão comer'

Vamos ver com mais atenção como são construídas as palavras nominais e verbais em Kuikuro. Convidamos os que querem saber mais sobre a morfologia Kuikuro para a leitura de Santos (2007).

Raízes

Entendemos por Raízes os morfemas de natureza lexical que contribuem para o significado central (denotativo e conotativo) de uma palavra, conforme vimos no capítulo *A Gramática Universal*.

Assim como já foi estabelecido para as línguas Tupi, acima, consideramos que as palavras que chamamos de Nomes ou Verbos, ou seja, categorizadas como Nomes ou Verbos, são geradas a partir de raízes não categorizadas através de operações morfológicas e sintáticas, realizadas fonologicamente ou 'silenciosas'. Em outras palavras, argumentamos que as chamadas 'categorias lexicais' – nomes, verbos, etc. – não existem fora ou antes da sintaxe, já que são o resultado do trabalho morfológico e sintático.

As palavras Kuikuro, uma vez submetidas a uma cuidadosa cirurgia ou segmentação morfológica, revelam que as formas lexicais – as raízes – estão associadas a conceitos ou significados abstratos, o que, aliás, derruba preconceitos do senso comum que afirmam que as línguas indígenas são primitivas por manifestarem uma certa incapacidade de conceber termos abstratos, possuindo, quase que exclusivamente, termos com referentes bem concretos.

As raízes Kuikuro, tais como as definimos e entendemos, são reconhecidas pelos falantes nativos quando eles começam a analisar a estrutura interna das palavras de sua língua e, ao mesmo tempo, começam a procurar por termos metalinguísticos. Eles identificam facilmente as raízes, chamando-as de *aki ungu* (palavra/língua raíz), 'raíze(s) da(s) palavra(s)/língua', assim como *kuigi ungu* (mandioca raíz) pode ser traduzida como 'raiz de mandioca'.

Nas palavras exemplificadas em (40) e (41), acima, podemos identificar as raízes: em (40) elas são *tagi*, 'fala', e *(e)nkgugi*, 'duro/difícil'; em (41) a raíz é *inha*, mcomida/alimento'.

De raízes para radicais

Para fazer palavras, temos que gerar radicais a partir de raízes. Os radicais são raízes categorizadas, como nomes ou verbos, graças a operações básicas ou primeiras de categorização. A concatenação de uma raiz com um núcleo categorizador é uma composição sintática.

(42)

    Núcleo   Raiz

A estrutura interna de uma palavra é, então, gerada pelos mesmos mecanismos de construção da estrutura de uma frase. São os Radicais que podem, em seguida, receber os morfemas gramaticais que constituem a flexão – como morfemas de modo, aspecto, tempo, pessoa, plural - e a derivação - como nominalizadores e verbalizadores. Lembremos que os morfemas gramaticais flexionais são aqueles que permitem a costura das relações gramaticais entre palavras, indispensáveis para fazer uma frase. Os morfemas gramaticais derivacionais são aqueles que permitem a transformação de um verbo em nome ou de um nome em verbo. Os morfemas derivacionais não deixam de ser, também, morfemas flexionais. Como se dá tudo isso em Kuikuro?

Gerando radicais verbais

Em Kuikuro, todos os radicais verbais e todos os verbos são sintaticamente complexos, formados de flexões que se acrescentam a radicais, que, por sua vez, são gerados por morfemas gramaticais verbalizadores concatenados a elementos (morfo) sintaticamente não verbais, ou seja, a raízes não categorizadas ou a um Nome. Todo processo de formação de um verbo é sintático, ou seja, as partes são geradas separadamente e combinadas na sintaxe.

Gerando radicais verbais a partir de raízes não-categorizadas

O primeiro caminho para gerar um radical verbal em Kuikuro é pegar uma raiz não categorizada e concatená-la a um núcleo verbalizador *v*.

(43) [[√R] v⁰]

Este núcleo verbalizador *v⁰* pode ser nulo, ou seja, silencioso, ou fonologicamente realizado ou explícito, ou seja, um morfema realizado na matéria sonora da fala.

Vamos ver alguns exemplos com as raízes *akaN* (sentar), *ongi* (esconder) e *emü* (afundar) a partir das quais um núcleo verbalizador silencioso, ou zero, gera radicais verbais transitivos e intransitivos:

Quadro I – Núcleo verbalizador silencioso gera radicais transitivos e intransitivos

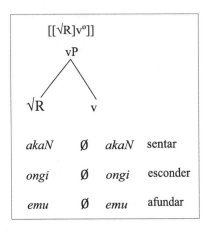

(44) *kangamuke*   *akaN-ø-nügü*
     criança   sentar-Vcat-PNCT
     '(a) criança sentou'

(45) *kola ongiN-ø-tagü*   *u-heke*
     miçangas esconder-Vcat-DUR   1-ERG
     'eu estou escondendo as miçangas'

(46) *u-ehu-gu*   *emüN-ø-nügü*
     1-canoa-POSS   afundar-Vcat-PNCT
     'minha canoa afundou'

Outro jeito para fazer radicais verbais é concatenar raízes não categorizadas com um núcleo verbalizador explícito gerando, então, radicais verbais transitivos e intransitivos Os verbalizadores explícitos, ou seja, fonologicamente realizados, podem ser chamados também de 'verbos leves' e carregam valores gramaticais e semânticos cujos sentidos são bem abstratos e polissêmicos. Listamos a seguir os que descobrimos até agora:
Verbalizadores que formam verbos intransitivos:

(47) *Ø, hege, hi, guN, luN, nuN, nguN, nhuN, pe, ki, suN, ti, tuN, tsuN*

Verbalizadores que formam verbos transitivos:

(48) *Ø, ge, gi, le, ha, he, hi, huN, pe, ke, ki, si, te, tse, ti, tsi*

Agora vamos ver exemplos com Raízes a partir das quais um núcleo verbalizador explícito gera radicais verbais transitivos e intransitivos:

Quadro 2 – Núcleo verbalizador explícito gera radicais transitivos e intransitivos

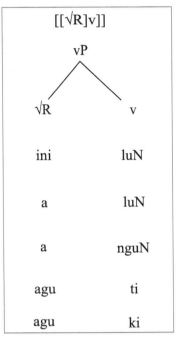

(49) *kangamuke ini-luN-tagü*
    criança chorar-VBLZ-DUR
    'criança está chorando'

(50) *tahitse alundagü*
    tahitse a-luN-tagü
    arara voar-VBLZ-DUR
    'arara está voando'

(51) *itaõ a-nguN-tagü*
    mulher dançar-VBLZ-DUR
    'mulher está dançando'

(52) *uagutitagü*   (verbo intransitivo)
    u-agu-ti-tagü
    1-fino-VBLZ-DUR
    'eu estou emagrecendo'

(53) *uagukitsagü ukasü heke   (verbo transitivo)*
    u-agu-ki-tsagü   u-ka-sü heke
    1-fino-VBLZ-DUR   1-trabalho-POSS ERG
    'meu trabalho me emagrece'

Nos exemplos (50) e (51), vemos duas raízes homófonas (*a* 'voar' e *a* 'dançar') – com o mesmo som – que se distinguem graças aos verbalizadores (*luN* e *nguN*). Nos exemplos (52) e (53), vemos como dois verbalizadores distintos (*ti* e *ki*) formam um par de verbos distintos pela transitividade a partir de uma mesma raíz (*agu* 'fino/ser fino').

Transformando nomes em verbos

Radicais verbais podem ser gerados por um terceiro processo, que é a concatenação de nomes já feitos com os mesmos verbalizadores explícitos que mostramos anteriormente.

Vamos considerar o verbo a seguir:
(54) *u-ege-tuN-tagü*
    1-preguiça-VBLZ-DUR
    'eu estou com preguiça'

Como chegamos até ele? O primeiro passo é formar um nome a partir de uma raíz não categorizada (como veremos novamente mais adiante):
(55)

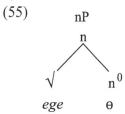

O segundo passo será concatenar o nome ao verbalizador para formar o radical intransitivo *egetsuN*.

(56)

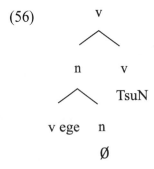

Se o nome *ege*, 'preguiça', se concatena ao verbalizador *tsi*, teremos um radical transitivo, produzindo assim, uma alternância de valência ou um contraste causativo/anti-causativo entre os radicais *egetsi-* e *egetsuN-*.
Transitivo:
(57) *u-ka-sü*   *heke*   *u-ege-tsi-tsagü*
     1-trabalho   ERG   1-preguiça-VBLZ-DUR
     'o meu trabalho me provoca preguiça'

Mais alguns exemplos de radicais verbais e verbos formados concatenando um nome a um verbalizador explícito:
(58)   [[N]v]]

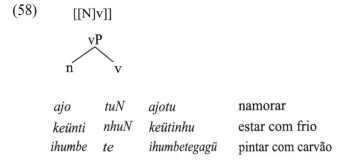

E vejam os radicais verbais flexionados em verbos completos nas frases a seguir:

(59) *ekise ajo-tuN-tagü*   (verbo intransitivo)
     ele namorado-VBLZ-DUR
     'ele está namorando'

(60) *u-keünti-nhuN-tagü*   (verbo intransitivo)
1-frio-VBLZ-DUR
'estou com frio'

(61) *u-ihumbe-te-gagü i-heke*   (verbo transitivo)
1-carvão-VBLZ-DUR 3-ERG
'ele está me pintando com carvão'

Gerando radicais nominais

O que mostramos na formação de radicais verbais vale também para a formação de radicais nominais a partir de raízes não categorizadas ou de verbos. Radicais nominais são gerados por morfemas gramaticais nominalizadores concatenados a elementos (morfo) sintaticamente não nominais, ou seja, a raízes não categorizadas ou a um verbo. O radical é a base para que possam ser formados nomes completos, flexionados por morfemas de pessoa, posse e plural, entre outros.

Gerando radicais nominais a partir de raízes não-categorizadas

Em Kuikuro podemos formar nomes de duas maneiras básicas:
(i) concatena-se uma raiz não categorizada a um categorizador silencioso ou explícito para obter nomes não derivados;
(ii) concatena-se um radical nominal ou um sintagma posposicional ou um advérbio a nominalizadores para obter nomes derivados.

Comecemos vendo a formação de nomes não derivados, que denotam entidades como lugares, pessoas, elementos e fenômenos da natureza, objetos em geral. Precisamos considerar dois processos. O primeiro é o processo da geração de nomes formados por Raiz (não categorizada) e um Categorizador Nominal silencioso, processo exemplificado na estrutura a seguir:

(62)   [[√R]n]]

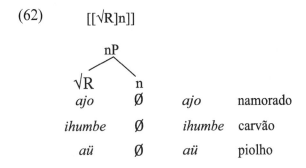

O segundo processo é a formação de nomes pela concatenação de uma Raiz e de um Categorizador Nominal explícito, que, em Kuikuro, são: *-tü, -tsü, -nü, -ngü, -nhü*. Este processo é representado na estrutura a seguir:

(63)   [[√R]n]]

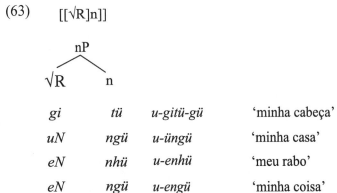

O Categorizador Nominal explícito mais produtivo é, sem dúvida, *-tü*, presente em muitos termos que denotam parte do corpo e certas categorias sociais, como nos seguintes exemplos:

(64) *u-agi-tü-gü*
      1-borda-Ncat-POSS
      'minha testa'

(65) *u-imü-tü*
      1-frente-Ncat
      'meu rosto'

(66) *u-ane-tü-gü*
1-chefe-Ncat-POSS
'meu chefe'

Transformando verbos em nomes

Voltemo-nos, agora, para a formação de nomes derivados através de morfemas gramaticais nominalizadores, todos explícitos, que recategorizam um verbo. Estes morfemas nominalizadores não são poucos e pedimos paciência ao leitor para que possamos adentrar, juntos, uma parte da gramática Kuikuro tão rica quão complexa. Escolhemos alguns deles, já que não é possível tratar de todos. Apresento então os nominalizadores recategorizadores para gerar nomes de evento, de instrumento, de argumento interno e de argumento externo. Chamamos esses nomes derivados de verbos de 'nomes deverbais'.

O nominalizador -*ne* e a formação de Nomes de 'Evento'

Examinamos, aqui, os nomes derivados formados pelo sufixo -*ne*, glosado NMLZGR. Os nomes assim derivados não possuem nenhum argumento, ou seja, não recuperam nenhum argumento do verbo do qual derivam, e sugerem uma interpretação de evento/processo. O morfema -*ne* ocorre com:

(i) Com radicais verbais intransitivos:

(67) *hosigene* (nome deverbal)
hosi-guN-ne
sorrir-VBLZ-NMLZGR
'risada (de várias pessoas ao mesmo tempo)'

Na frase a seguir o nome deverbal *hosigene* é argumento externo do verbo transitivizado ünkgüne- (fazer dormir):

(68) *inhalü hosi-guN-ne heke u-ünkgü-ne-nümi ige koko*
NEG rir-VBLZ-NMLZGR ERG 1-dormir-TR-PNCT.COP
PROX noite
'esta noite as risadas não me deixaram dormir'

176 A sintaxe das palavras

Observe-se que para chegar a *hosigene* de *hosiguN+ne*, um processo morfofonológico faz com que vogal da última sílaba do radical, que é a vogal /u/ do verbalizador, se assimile totalmente à vogal /e/ do nominalizador.

(ii) Com radicais verbais transitivos:

(69) *ipo-nge*
furar -NMLZGR
'furação' (furação de orelha, ritual de iniciação masculina ligado à chefia)

(iii) Com radicais verbais intransitivizados:

(70) *em-ütahiN-tsagü* (verbo intransitivizado)
3.DTR-bocejar-DUR
'ele está bocejando'

(71) *emütahinhe*   (nome deverbal)
em-ütahi-nhe
DTR-bocejar-NMLZGR
'bocejo'

A nominalização com o sufixo –*toho*

O sufixo -*toho*, glosado INS.NMLZ, e seus alomorfes -^{n}*doho*, -*tsoho* e -*goho*, nominaliza um verbo para gerar nomes com sentido de 'lugar ou instrumento para X', 'algo feito para X', 'algo que serve para X' ou 'lugar feito/que serve para X', sendo X o significado do radical verbal ou nominal. Vejamos a derivação do nome deverbal *katsundoho* (*katsuN-toho*, lugar de trabalhar). O nome resultante de radical verbal formado por radical nominal mais verbalizador explícito deve ser interpretado como 'lugar feito para X'.

(72) *u-ka-tsuN-tagü*
1-trabalho-VBLZ-DUR
'eu estou trabalhando'

(73) *u-ka-tsuN-toho*
1-trabalho-VBLZ-INS.NMLZ
'meu lugar de trabalho'

A formação do nome deverbal *katsundoho* pode ser representada na estrutura a seguir:

(74)

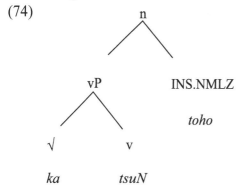

A seguir temos outro exemplo. O exemplo (75) analisado na estrutura (76) consiste na nominalização por *-toho* do radical verbal *akaN* produzido por categorizador verbal silencioso, como representado em (76):

(75) *u-akaN-toho*
1-sentar-INS.NMLZ
'meu instrumento/lugar de sentar (banco)'

(76)

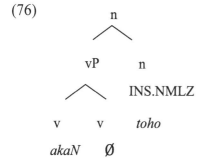

Nominalização de argumento interno

Em Kuikuro, argumento interno é o objeto de um verbo transitivo ou o sujeito de um verbo intransitivo. Lembramos que o argumento interno está fortemente ligado ao verbo, formando com ele uma unidade que não pode ser quebrada. A nominalização do verbo que resulta em um nome deverbal denotando o seu argumento interno envolve um verbo flexionado na sua forma de particípio ao qual se acrescenta o sufixo nominalizador *-nhü* (glosado NANMLZ). Quando um radical

178 A sintaxe das palavras

verbal é flexionado pelo modo 'particípio' (PTP), ele recebe um prefixo *tü-* e um sufixo *-ti* (com seus alomorfes). O particípio produz um verbo com significado de estado resultante de uma ação ou de um evento. Então, o nominalizador *-nhü* seleciona um radical com semântica estativa resultativa, focalizando o argumento interno do verbo. Vejamos um exemplo de nominalização de argumento interno (sujeito) de verbo intransitivo:

(77) *tü-het-i-nhü*
      PTP-gritar-PTP-NANMLZ
      'aquele que gritou'

E agora dois exemplos de nominalização de argumento interno (objeto) de verbo transitivo:

(78) *t-ongiN-ti-nhü*
      PTP-esconder-PTP-NANMLZ
      'o que foi escondido' ('escondido, segredo')

(79) *tengenhü*
      t- enge-nhü
      PTP-comer-PTP-NANMLZ
      'o que foi comido' (comido, comestível)

Nominalização de argumento externo

A estrutura de nominalização de argumento externo, ou agentiva, envolve radicais verbais flexionados, aos quais se acrescentam os sufixos nominalizadores *-tinhi, -ni* e *-nhi*, glosados ANMLZ, direcionados para o argumento agente, de modo que pode ser comparado com o sufixo *-dor* em português, mas somente com verbos transitivos. A nominalização assim produzida mantém o argumento interno (objeto, paciente) do verbo transitivo; quando não definido, o objeto é codificado pelas formas de pronome de primeira pessoa inclusiva (1.2) *kuk-/ku-/k-*. A nominalização ANMLZ é, então, o resultado da adição de um re-categorizador nominal a uma estrutura verbal:

(80) *kuk-e-ni*
      1.2-matar-ANMLZ
      'matador (de alguém)'

(81) *kongindinhi*
      k-ongiN-tinhi
      1.2-esconder-ANMLZ
      'escondedor (de algo)'

Podemos observar que as nominalizações agentivas podem apresentar em suas estruturas, além do Argumento Interno, a flexão de Aspecto e isto se deve à presença de um SV interno. No exemplo a seguir, o Aspecto Continuativo (*-tagü*) ocorre, obrigatoriamente, em sua forma 'reduzida' (*-ta*):

(82) *utoto=ha ekise-i   akinha iha-ta-tinhi*
      homem=HA 3.dist-COP estória contar-DUR-ANMLZ
      'aquele é o homem que está contando a história'

Vemos que o argumento interno tem que ser expresso ou por nominais plenos ou por prefixos marcadores de pessoa.

5.3. Estrutura morfológica do verbo em Karajá

No verbo Karajá, pode-se depreender claramente a raiz e diferentes afixos. O Karajá é uma língua do tipo aglutinativo, em que as palavras são formadas pela união de morfemas que expressam, cada um, uma função gramatical diferente, tendendo, portanto, ao contrário das línguas ditas fusionais, como o português, a não "fundir" os morfemas, que, em Karajá, geralmente, mantêm sua forma bem recortada. Como analisado anteriormente para as línguas Mbyá, Tupinambá e Kuikuro, as raízes do Karajá também seriam acategoriais, ou seja, não pertenceriam a nenhuma categoria gramatical específica, tornando-se, um nome ou um verbo, em função de sufixos categorizadores ou do contexto morfológico ou sintático em que são inseridas.

Por exemplo, uma raiz como *rybè* pode ser formada pela união de *ryy* 'boca' e *bèe* 'água'. Se precedida por pronomes possessivos, a raiz *rybè* é analisada como o substantivo 'fala', 'palavra' ou 'língua' como indicado nos exemplos (83), (84) e (85):

(83) *wa-rybè*
      1-fala
      'minha fala'

180 A sintaxe das palavras

(84) *a-rybè*
2-fala
'tua fala'

(85) *i-rybè*
3-fala
'fala dele'

O substantivo *rybè* pode também integrar construções de posse ou genitivas constituídas pela anteposição de outros substantivos, como exemplificado em (86) e (87):

(86) *iny rybè*
Karajá língua
'língua Karajá'

(87) *tori rybè*
Branco língua
'língua do Branco'

Se, no entanto, a raiz *rybè* estiver em um contexto morfológico em que aparece junto de afixos verbais, tais como vogal temática, pessoa e tempo, deriva-se um verbo:

(88) *r-a-rybè-ra*
3-VT-falar-PST
'(ele) falou'

Outros afixos podem ser ainda incluídos, em uma ordem fixa, compondo vocábulos verbais complexos como, por exemplo:

(89) *r-a-rybè-reny-õ-ra*
3-VT-falar-PL-NEG-PST
'(eles) não falaram'

(90) *r-a-rybè-reny-õ-reri*
3-VT-falar-PL-NEG-PRES CONT
'(eles) não estão falando (presente progressivo)'

(91) *r-a-rybè-myhy-reny-õ-re*
3-VT-falar-ASP PROG-PL-NEG-PRES
'(eles) não falam (presente genérico)'

Algumas raízes podem ser derivadas como verbais a partir do sufixo ativizador-*ny*. Por exemplo, a raiz acategorial -*boho*- que em um contexto nominal pode compor um nome composto como em (92), pode também se tornar um verbo transitivo ativo, como em (93):

(92) *iny-wè-boho-na*
Karajá-barriga-quebra-lugar
'Lugar onde houve a quebra da barriga dos Karajá' (nome de aldeia mítica)

(93) *Hãbu   butxi r-i-boho-ny-ra*
homem pote 3-VT-quebrar-ATV-PST
'O homem quebrou o pote'

Observe também que há, em Karajá, pares de alternância causativa, isto é, um mesmo verbo pode ter sua valência modificada, admitindo uma contraparte intransitiva ou incoativa, como exemplificado em (94):

(94) *butxi r-a-boho-ra*
pote 3-IN-quebrar-PST
'O pote quebrou'

Note que, no caso exemplificado em (94), a forma verbal, além de não incluir o sufixo ativizador -*ny*, sofre uma alteração na posição indicada como vogal temática (VT), que alterna de -i- para -a-, codificando a alternância causativa na língua Karajá. Ao contrário de línguas como o português ou o inglês, que não marcam a alternância causativa na forma verbal, o Karajá identifica esta alternância de valência verbal na morfologia. Compare outro exemplo de alternância causativa em Karajá com o português e com o inglês, em que a forma verbal permanece a mesma.

(95) *kua hawyy rià   r-i-yka-ra*
aquela mulher rede 3-TR-rasgar-PST
'Aquela mulher rasgou a rede'

182 A sintaxe das palavras

(96) *rià   r-a-yka-ra*
rede 3-INC-rasgar-PST
'A rede rasgou'

A morfologia verbal Karajá admite ainda o sufixo causativo sintático *-dyy-*, que opera um tipo de causação que, em português, é obtida de modo dito perifrástico ou sintático, por um verbo leve como o verbo "fazer" em um complexo verbal, indicando causação. Note, que nesse uso, o verbo 'fazer', em português, é dito "leve", pois não tem um significado pleno como 'construir'. Por exemplo, em (97), temos a raiz *-sàbè-* em um contexto verbal intransitivo ou incoativo, enquanto que em (98), a mesma raiz encontra-se em contexto transitivo, sendo ambas codificadas morfologicamente pela alternância da vogal prefixada à raiz. Como já vimos acima, a forma transitiva também recebe o sufixo ativizador *-ny-*:

(97) *uladu r-a-sàbè-ra*
criança 3-INC-banhar-PST
'A criança tomou banho (banhou)'

(98) *dearã uladu r-e-sàbè-ny-ra*
eu criança 3-TR-banhar-ATV-PST
'Eu banhei a criança'

Note, agora, em (99), que o sufixo causativo *-dyy-*é introduzido, operando a causação morfológica que em português é obtida sintaticamente pelo verbo fazer. Em (99), o sujeito verbal não banhou diretamente a criança, como em (98), mas praticou alguma ação que fez com que a criança tomasse banho, ou seja, trata-se de causação indireta:

(99) *deary uladu r-e-sàbè-dyy-ny-ra*
eu   criança 1-TR-banhar-CAUS-VBLZ-PST
'Eu fiz a criança tomar banho'

A sintaxe das palavras   183

Trata-se de um processo bastante regular e produtivo na língua Karajá. Vejam-se novos exemplos a seguir:

(100) *ijòtòbòna r-a-raà-ra*
porta   3-INC-abrir-PST
'A porta abriu'

(101) *waha ijòtòbòna r-i-raà-ny-ra*
meu pai porta   3-TR-abrir-PST
'Meu pai abriu a porta'

(102) *waha ijòtòbòna r-i-raà-dyy-ny-ra*
meu pai porta   3-TR-abrir-CAUS-VBLZ-PST
'Meu pai fez a porta abrir'

Além da marcação intransitiva ou incoativa (INC), há também marcação de reflexivo (REFL) em Karajá, não se confundindo esta forma com a incoativa. O exemplo (103) exemplifica a forma causativa lexical, identificada pelo morfema *-i-*; (104) exemplifica a versão incoativa, identificada pelo morfema *-a-*, enquanto (105) ilustra a reflexivização que é marcada morfologicamente por *-exi-*

(103) *Tii i-tyky r-i-suhò-ra*
Ela 3-roupa 3-TR-lavar-PST
'Ela lavou a roupa dela'

(104) *Ityky r-a-suhò-ra*
roupa dela 3-IN-lavar-PST
'A roupa dela lavou'

(105) *Tii r-**exi**-suhò-ra*
ela 3-**REFL**-lavar-PST
'Ela se lavou'

Concluímos a seção, chamando a atenção do leitor para o fato de que os processos composicionais que discutimos aqui, no nível da palavra verbal, na língua Karajá, podem se estender para o nível sentencial, adicionando-se, por exemplo, o morfema -u, indicador de tempo e que opera uma subordinação temporal, como no exemplo (106):

(106) *Habu mahadu rarybemyhyrenyõreri-**u**, uladu rõrõmyhyre*
 homem grupo não fica falando SUBORDINADOR criança
 dorme
 'Quando o grupo de homens não fica falando, a criança
 dorme'

Assim, observamos que a possibilidade de concatenar diferentes morfemas, compondo formas cada vez mais complexas se realiza de modo produtivo tanto no nível sublexical, quanto no nível sentencial. Em outras palavras, como diz o Professor Alec Marantz, *"Syntax all the way down"*, ou seja os processos sintáticos também se dão no nível da palavra.

Concluímos a seção com uma proposta de análise da representação estrutural da alternância causativa, que leve em conta a computação morfológica, na linha do que é proposto por Hale & Keyser (1993) e Harley (2006), no quadro da Teoria da Morfologia Distribuída, podendo-se considerar os morfemas -*a*- e -*i*- em Karajá como verbos leves (vezinhos) com diferentes propriedades semântico-sintáticas. O vezinho -*a*- tem valor "BECOME" e não introduz argumento externo, enquanto que o vezinho -*i*- tem valor CAUSA, podendo projetar argumento externo:

Figura 1 – Derivação do incoativo

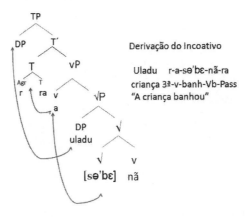

Figura 2 – Derivação do causativo lexical

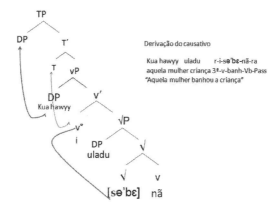

5.4. A formação das palavras em Paumari

5.4.1. Derivando nomes, verbos e adjetivos

Em Paumari, a categorização das raízes envolve, em geral, morfemas com realização zero. Percebe-se, nesta língua, inúmeros casos em que uma mesma raiz parece ocorrer como nome, verbo ou adjetivo sem que haja afixos categorizadores visíveis, como ilustram os dados a seguir:

(107)
    1.a. *hado 'bo'da* (adjetivo)
          faca velha
    1.b. *o-'bo'da-ki ho* (verbo)
          1SG-velho-MD eu
          'Eu sou velho'
    2.a. *hado 'bo'da* (nome)
          faca velha
    2.b. *hado-ki* (adjetivo)
          faca-MD
          Cortado
    3.a. *bai* (nome)
          comida/alimento
    3.b. *bai-ki* (verbo)
          comer-MD
          'Comeu/ se alimentou'

Nesses casos, uma mesma raiz neutra se combina com diferentes tipos de categorizadores sem manifestação fonológica, gerando verbos, nomes e adjetivos, conforme indicam as representações em (108):

(108) a.   b.

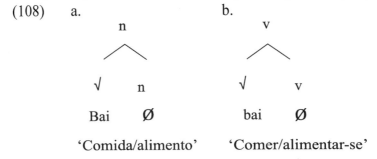

Vejamos agora como se dá o processo de recategorização de palavras em Paumari.

5.4.2. A nominalização de verbos e adjetivos

Em Pamarí, os nominalizadores *–i* e *hi* se combinam a verbos para denotar o evento, como em (109b), ou a entidade afetada pelo evento, como em (110b):

(109)
    a. *o-**kana**-na*   (verbo)
        1SG-banhar-INTR
        'Estou me banhando'
    b. *kodi-kana-i* (nome de evento)
        1SG.POSS-banhar-NMLZ
        'O meu banhar-se'

(110)
    a. *o-**rokhoi**-ki oni makari*   (verbo)
        1SG-costurar-MD aquela roupa
        'Eu costurei aquela roupa'

    b. *kodi-**rokhoja**-hi* (nome de evento e de argumento interno)
        1SG.POSS-costurar-NMLZ
        'O meu costurar'/ 'A coisa que estou costurando'

Para expressar nominalização agentiva, usa-se esse mesmo sufixo nominalizador seguido pelo morfema que se traduz pela palavra "pessoa", conforme ilustram (111b) e (112b). Se o argumento interno estiver expresso, emprega-se o nominalizador –va, como em (113):

(111)

    a. *mamai-a **bi-soko-ki** hida makari*
       mamã-ERG 3-lavar-MD DET roupa
       'Mamãe está lavando roupa' (298)

    b. ***soko-i***   *abono*
       lavar-NMLZ   pessoa
       'O lavador'

(112)

    a. *koko-a **bi-rakhai-ki** hida siroi*
       tio-ERG   3-plantar-MD DET campo
       'O tio está plantando o campo' (299)

    b. ***khaja-hi***   *abono*
       plantar-NMLZ pessoa
       'O plantador'

(113) *gora **namonaha-va***   *abono*
       casa fazer-NMLZ pessoa
       'O construtor de casas'

O sufixo -*ni* nominaliza adjetivos para designar o nome da propriedade correpondente:

(114)

    a. *rabodi*
       'largo'

    b. ***rabodi-ni***
       largo-NMLZ
       largura

(115)

    a. ***bihia***
       profundo

b. ***bihia-ni***
   profundo-NMLZ
   profundeza

Esses casos de recategorização envolve palavras categorizadas por morfemas com realização zero que se concatenam a morfema nominalizadores fonologicamente expressos, como indicam as representações em (116):

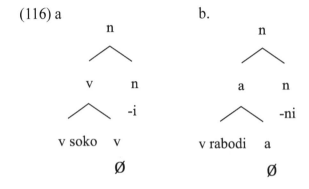

5.4.3. A verbalização de nomes

A verbalização de nomes em Paumari é semelhante àquela descrita para as línguas da família Tupi-Guarani. Envolve predicados possessivos. Os verbos possessivos são formados pelo prefixo que marca os sintagmas genitivos (*ka-*)seguido pelo nome possuído, conforme ilustram os dados a seguir:

(117)
  a. *aaso **ka-jorai***
      tia   POSS-tapete
      'tapete da titia'
  b. Ø- ***ka-jorai**-ki*   *ida aaso*
      3-POSS-tapete-MD DET.F tia
      'A tia tem tapete'

(118)

    a. *Fatima **ka- mai' da***
       Fatima POSS-escova
       'A escova de Fatima' (257)
    b. Ø-ka-mai' da-ki *ida Fatima*
       3-POSS-escova-MD DET.F Fatima
       'Fatima tem escova'

Ka-, nas construções verbais possessivas em (b), é tratado pelos investigadores da língua Paumari como um núcleo verbalizador.

O Paumari também possui morfemas de mudança de valência, como o causativo e os aplicativos, como mostramos a seguir.

5.4.4. Mudança de valência

5.4.4.1. O morfema causativo

O prefixo ***ni/na/no-*** apresenta o mesmo comportamento que o morfema causativo das línguas da família Tupi-Guarani: só se agrega a verbos intransitivos e introduz um sujeito agentivo/causador. Nas versões (b) dos exemplos a seguir é possível observar que o acréscimo do prefixo causativo está associado à liberação de um sujeito agentivo:

(119)

    a. *Ø- **abini**-ki*   *ida*   *arakava*
       3- morrer-MD   DET.F   galinha
       'A galinha morreu'.
    b. *o- **na**-abini-ki*   *ida*   *arakava*
       1SG-CAUS-morrer-MD   DET.F   galinha
       '**Eu** matei a galinha'

(120)

    a. *Ø-**asara**-hi*   *ada*   *isai*
       3-chorar-MD   DET.M   criança
       'O menino chorou'
    b. *o-**na**-asara-hi*   *ada*   *isai*
       1SG -TR-chorar-MD   DET.M   criança
       'Eu fiz o menino chorar'.

190 A sintaxe das palavras

O morfema causativo, além de licenciar o argumento externo, pode atuar ainda como categorizador de raízes, como mostram os dados a seguir, envolvendo a raiz 'faca'. Em (121a), 'faca' é um nome. Em (121b), é um verbo transitivo/causativo ao se concatenar a -*na* e em (121c), funciona como um verbo intransitivo com sujeito agentivo, ao se combinar com o sufixo que denota ação, -*ha*:

(121)
    a. *Oko-a bi-nofi-ki*   *ida* **hado**
       Oko-ERG 3-querer-MD   DET.F faca
       'Oko quer a faca'
    b. *bi-**na-hado**-ki ada abaisana*
       3-CAUS-faca-MD DET.M peixe
       'Ele cortou o peixe'
    c. *o-**hado-ha**-'iana-hi*
       1SG-faca-ação-de novo-MD
       'Eu cortei de novo'

Em todos esses casos, a raiz se torna nome, verbo causativo ou verbo intransitivo agentivo, dependendo do contexto sintático em que é inserida.

5.4.4.2. Os morfemas aplicativos

Em Paumari, há dois tipos de morfemas aplicativos que introduzem um objeto à construção intransitiva. O morfema aplicativo *va/vi-* tem a propriedade de liberar um objeto direto com a interpretação de companhia ou instrumento, transitivizando a construção.

(122)
    a. *o - **asara**- hi*
       1SG –chorar-MD
       'Eu chorei'
    b. *o –**va**-asara- ki*   *ida*   *isai*
       1SG-APL-chorar-MD   DET.F   criança
       'Eu chorei (com)**a menina'**.

O outro morfema aplicativo, realizado pelo prefixo **ka-**, libera um objeto no papel semântico de fonte. Compare (122b) em que o aplicativo **va-** licencia um objeto com papel de companhia com (123) em que o aplicativo **ka-** introduz um objeto com papel de fonte:

(123) o-**ka**-asara-ha   *ada isai*
      1SG-APL-chorar-MD   DET.M criança
      'Eu chorei (por) **o menino**'

Na derivação de (123), por exemplo, o morfema aplicativo libera um objeto na posição de especificador de sua projeção, como mostra a representação em (124):

(124)

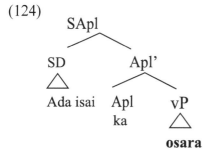

5.4.5. Conclusões

Vimos que a recategorização dos nomes como verbos ocorre em contexto de posse em Paumari, mediante o acréscimo do prefixo *ka-*. Este processo é bastante produtivo e parece envolver, na maioria dos casos, nomes e não raízes porque o significado daqueles se mantém:

(126) **ka-kafi-ki**
      POSS-café-MD
      'Ter café'

(127) *ka-abi'i-ki*
      POSS-pai-MD
      'Ter pai'

192 A sintaxe das palavras

Uma evidência de que essas construções são constituídos por um nome vem de casos de verbos denominais instrumentais, como (138), em que o instrumento que aí se manifesta deve ser cognato porque o significado do nome faz parte do significado do verbo. O sintagma com papel de instrumento, neste caso, é licenciado pelo morfema aplicativo *va-*:

(128) *kodi-mai' da-ra   ka-va-mai' da-ha-vini*
1POSS-escova-ACC   POSS-APL-escova-AG-TR
'Ela está usando a minha escova para escovar (o cabelo)"
'Ela está escovando (o cabelo) com a minha escova'

5.5. Considerações finais

Como procuramos demonstrar neste capítulo, todas as línguas examinadas permitem análises do tipo "syntax all the way down", ou seja, pode-se considerar os processos internos ao vocábulo como processos sintáticos, que se utilizam de processos computacionais equivalentes aos que se postulam para a análise de frases. De modo geral, nas cinco línguas, adota-se a proposta de que as raízes sejam acategoriais, adquirindo sua categoria gramatical em processos composicionais.

5.6. Exercícios

Vamos falar Karajá? Tomando como ponto de partida os fatos da gramática do Karajá discutidos acima, como se poderia dizer em Karajá as seguintes frases?

(1)   *Hawyy uladu r-e-xixa-ny-ra*
mulher criança   3-TR-acordar-ATV-PST
'A mulher acordou a criança'

'A mulher fez a criança acordar'

A sintaxe das palavras   193

(2)   *Hirari uladu r-i-su-ny-ra*
menina criança 3-TR-sujar-ATV-PST
'A menina sujou a criança'

'A menina fez a criança ficar suja'

(3)   *hãbu tebò r-i-sõ-ra*
homem 3-mão- 3-TR-queimar-PST
'O homem queimou a mão'

'A mão do homem queimou'

(4)   *hawyy rysyna r-i-txuhu-dy-ny-ra*
mulher comida3-TR-esfriar-CAUS-ATV-PST
'A mulher fez a comida esfriar'

'A mulher esfriou a comida'

(5)   *Uladu ritxoo r-i-krò-dyy-ny-ra*
criança boneca 3-IN-quebrar-CAUS-ATV-PST
'A criança fez a boneca quebrar'

'A boneca quebrou'

Passe os seguintes verbos do Guarani Mbyá para as suas formas aplicativas. Faça uso do vocabulário a seguir:

Vocabulário:
jagua= cachorro
xememby= meu filho

1.   **a.** *xee a-nha*
eu 1SG-correr
'Eu corri'
b. _____
'Eu corri (com) meu filho'

194 A sintaxe das palavras

2. a. *ndee   re-ke*
   você   2SG-dormir
   'Você dormiu'

b. _____
   'Você dormiu (com) o cachorro'

Passe os seguintes verbos do Paumari para as suas formas causativas. Utilize o vocabulário a seguir:

Vocabulário Paumari
ada abaisana =o peixe
ida isai = a criança
na- = prefixo causativo
no-= prefixo causativo diante do verbo 'comer'
o-= prefixo de 1ª SG
i-= prefixo de 2ª SG

3.   a. *abini-ha   ada abaisana*
      morrer-MD.M   DET.M peixe
      'O peixe morreu'

b. _____
      'Você matou o peixe'

4.   a. *bai-hi   ida   isai*
      comer-MD.F   DET.F   criança
      'A criança se alimentou'

b. _____
      'Eu alimentei a criança'

---

[1] Outras raízes do Mbyá que exibem o mesmo comportamento que *tuja* são: *ky'a* ("sujeira, ser/estar sujo e sujo") e *kyra*(" gordura, ser/estar gordo, gordo"), por exemplo. Todas essas raízes expressam propriedades e características dos seres e objetos.

A sintaxe das palavras   195

[2] Em Guarani, as consoantes finais das raízes sofreram queda. Sendo assim, as palavras não apresentam mais o categorizador expresso por –a. Compare os exemplos do Tupinambá e do Mbyá a seguir. A consoante final b da raiz 'roupa' em Tupinambá não mais se manifesta em Mbyá. Então, o ambiente fonológico propício para a inserção do nominalizador desaparece:

Tupinambá
    (i) *aob-a* roupa
         roupa-NMLZ
Guarani Mbyá
    (ii) *ao*   *-Ø*   roupa
       roupa-NMLZ

[3] Em Guarani Mbyá, a marca *-a* é a expressão do nominalizador em casos de recategorização de verbos.

[4] A supressão desse categorizador que evita o encontro de duas vogais em fronteira de morfemas, é também verificada em fronteira de palavras, como indica (i) a seguir, em que o nome que precede o adjetivo iniciado por vogal, perde o seu categorizador *-a*:

    c. *ybak-a + un-a -* >   *ybak' una*
        céu-NMLZ+negro-ADJZ 'Céu negro'   (Lemos Barbosa:35)

[5] Apresentamos aqui apenas dois desses sufixos nominalizadores.

[6] Essa é a única opção para a expressão de posse inalienável em Tupinambá.

[7] *Mo-* se realiza em ambiente nasal e *mbo-* nos demais ambientes.

REFERÊNCIAS

ABNEY, S. *The English noun phrase in its sentential aspect.* Tese de doutoramento. Cambridge, MA: MIT, 1987.

ANCHIETA, J. Arte de grammatica da lingoa mais usada na costa do Brasil. Coimbra, 1595.

ARAD, M. Locality constraints on the interpretation of roots: The case of Hebrew denominal verbs. *Natural Language and Linguistic Inquiry,* 21, p. 737-78, 2003.

BONILLA, O. Cosmologia e organização social dos Paumarí do médio Purus (Amazonas). Revista de Estudos e Pesquisas, Funai, Brasília, v. 2, n. 1, p.7-60, 2005.

_____. O bom patrão e o inimigo voraz: predação e comércio na cosmologia Paumarí. Revista Mana, n.1, p.41-66, 2005.

BRAGGIO, S. L. B. Bilinguismo e Aquisição de Duas Línguas: Variedades, Empréstimo e Mudança de Código. *Boletim da Abralin,* n. 20, p. 139-72, 1997.

CHAPMAN, S. Paumarí Interrogatives.Brasília: SIL, 1986.

_____; ODMARK. M. A. Paumarí Morpho-Phonemics. Brasília: SIL, 2009.

_____. *Gramática Pedagógica Paumarí.* Brasília, SIL, 1983.

_____; SALZER, M. *Dicionário bilíngue nas línguas paumarí e portuguesa.* Brasília: SIL, 1998.

_____; DERBYSHIRE, D. C. Paumarí. In: DERBYSHIRE, D. C.; PULLUM, G. K. (eds.) *Handbook of Amazonian Languages.* Berlin: Mouton de Gruyter, p. 161-354, 1991.

CHENG, L. *On the typology of WH-Questions.* MIT: Tese de doutoramento, 1991.

CHOMSKY, N. *Syntactic Structures*. Mouton: The Hague, 1957.

_____. Rules and Representations. In: *Behavioral and Brain Sciences*, 3 (1), 1980.

_____. Some Notes on Economy of Derivation and Representation. In: FREIDEN, R. (org.), *Comparative Grammar. Current Studies in Linguistics Series*, n. 20, p.417-54, 1991.

_____. Three factors in language design. *Linguistic Inquiry*, 36, p. 1-22, 2005.

_____. Que Tipo de Criaturas Somos Nós? Petrópolis: Editora Vozes, 2018.

DERBYSHIRE, D. C. 1977. Word order universals and the existence of OVS languages. *Linguistic Inquiry* 8(3): 590–9.

DOOLEY, R. A. *Léxico Guarani, Dialeto Mbyá. Guarani-Português*. Brasília: SIL, 2013a.

_____. *Léxico Guarani, Dialeto Mbyá. Introdução: informações gerais, esboço gramatical e referências*. Brasília: SIL, 2013b.

DRYER, M. S. Order of subject, object and verb. In: *The World Atlas of Language Structures Online*, 2008. Martin HASPELMATH, Matthew S. DRYER, David GIL, and Bernard COMRIE (eds.). Max Planck Digital Library. Chap. 81. Disponível em: <http://wals.info/feature/81>.

_____; HASPELMATH, M. (eds.). *The World Atlas of Language Structures (WALS)*. Oxford: Oxford University Press, 2008.

FORTUNE, D. L. & FORTUNE, G. The phonemes of the Karajá language. Arquivo Lingüístico do Museu Nacional, Rio de Janeiro. 1963.

FRANCHETTO, B. Falar kuikuro: estudo etnolingüístico de um grupo karib do Alto Xingu. Tese de doutoramento. Departamento de Antropologia do Museu Nacional/UFRJ., 1986.

_____. Ergativity and Nominativity in Kuikúro and Other Carib Languages. Doris Payne (org), *Amazonian Linguistics. Studies in Lowland South American Languages*. Austin: University of Texas Press. 1990. (407-428).

_____; HECKENBERGER, Michael (orgs.). *Os Povos do Alto Xingu. História e Cultura*. Rio de Janeiro: Editora da UFRJ, 2001.

_____. The ergativity effect in Kuikuro (Southern Carib, Brazil). In: Spike GILDEA; Francesc QUEIXALÓS. (eds.). *Ergativity in Amazonia*. Philadelphia: John Benjamins Publishing Company, 2010, v. 89, p. 121-158.

_____; SANTOS, Gélsama Mara Ferreira dos. Cartography of expanded CP in Kuikuro (Southern Carib, Brazil). In: *Information Structure in Indigenous Languages of the Americas, Syntactic Approaches*. Ed. by CAMACHO, José; GUTIÉRREZ-BRAVO, Rodrigo and SÁNCHEZ, Liliana. New York: De Gruyter Mouton, 2010, v. 1, p. 87-113.

_____ (org.). *Alto Xingu. uma sociedade multilíngue*. e-book, Rio de Janeiro: Museu do Índio, Programa de Pós-Graduação em Antropologia Social – PPGAS, 2011. Museu Nacional, UFRJ, CNPq.

_____; Gélsama Mara Ferreira dos. Nominalização dos argumentos interno e externo em Kuikuro. In *Sintaxe e semântica do verbo em línguas indígenas do Brasil*, 2014. STORTO, L., FRANCHETTO, B.; LIMA, S. (orgs.), 43-64. Campinas, SP: Mercado de Letras.

_____. Construções de foco e arredores em Kuikuro. Revel, 2015. Edição Especial n. 10. Disponível em: http://www.revel.inf.br/files/032 8c3b96d1290a45852e709631e44d5.pdf.

_____, Gélsama Mara Ferreira dos. The ontology of roots and the emergence of Nouns and Verbs in Kuikuro adult speech and children's acquisition. In: Valentina VAPNARSKY & Edy VENEZIANO (eds), *Lexical Polycategoriality: Cross-linguistic, cross-theoretical and language acquisition approaches*. New York: John Benjamins Publ. 2017. p. 275-306.

_____; Santos, Gélsama Mara Ferreira dos. Kuikuro: Ontologia e gênese de nomes e verbos. In: Alessandro Boechat de Medeiros e Andrew Ira Nevins (orgs.), *O apelo das árvores: Estudos em homenagem a Miriam Lemle*. Campinas SP: Pontes Editores, 2018.

_____. Ergativity and nominativity in kuikúro and other Carib languages. In: Payne, (org.). *Amazonian Linguistics: Studies in Lowland South Languages*. Austin: University of Texas Press, p. 407-28, 1990.

_____. The ergativity effect in kuikúro (Southern Carib, Brazil). In: Gildea, S.; Queixalós, F. (orgs.) *Ergativity in Amazonia*.Filadélfia: John Benjamins, v. 89, p. 121-58, 2010.

Gelman, R.; Gallistel, C. R. Language and the origin of numerical concepts. In: *Science,* v. 306, 2004.

Greenberg, Joseph. *Some universals of grammar with particular reference to the order of meaningful elements.* In: Joseph Greenberg, Universals of Language. Cambridge: Cambridge University Press, 1963. pp. 58-90.

Hale, K.; Keyser, S. J. On argument structure and the lexical expression of syntactic relations. Cap.2. In: Hale, K.; Keyser, S.J. (eds.): *The view from Building 20: Essays in Linguistics in Honor of Sylvain Bromberger.* Cambridge, MA: mit Press, 1993.

Harley, H. On the causative construction. In: Miyagawa, S.; Saito, M. (eds.). *Handbook of Japanese Linguistics.* p. 20-53.Oxford: OUP, 2005.

Haugen, E. The Ecology of Language, Stanford University Press, Redwood City, CA, 1972.

Haugen, J. D. Denominal Verbs and Noun Incorporation: Uto-Aztecan Evidence for a Unified Syntactic Account. Texas Linguistics Society 9: Morphosyntax of Underrepresented Languages, 2007.

Ivo, I. P. Características Fonéticas e Estatuto Fonológico de Fricativas e Africadas no Guarani-Mbyá. Dissertação de Mestrado. Campinas: Unicamp, 2014.

HAWKINS, J. A. *Word Order Universals*. New York, NY: Academic Press, 1983.

LEMLE, M.; FRANÇA, A. I. Arbitrariedade Saussureana em foco. *Revista Letras*, Curitiba, 2006.

LEMOS BARBOSA, A. *Curso de Tupi Antigo: gramática, exercícios, textos*. Rio de Janeiro: Livraria São José, 1956.

LEWIS JR, R. E. *Complementizer Agreement in Najdi Arabic*. Dissertação de Mestrado. Programa de Linguística da Universidade do Kansas, Kansas City, 2013.

MAIA, M. A. R. *Aspectos Tipológicos da Língua Javaé*. Munique: Lincom-Europa, 1986/1998. p. 90.

_____. *Manual de Linguística*: subsídios para a formação de professores indígenas na área de linguagem. 1. ed. Brasília: Ministério da Educação e Cultura (MEC/Secad), 2006. v. 5000. p. 268.

_____. A Computational Efficiency Principle In Action In The Processing Of Recursively Embedded PPs In Brazilian Portuguese And In Karajá. *Gragoatá*, v. 40, p. 157-74, 2016.

_____. et al. The Processing of PP Embedding and Coordination in Karajá and in Portuguese. In: Luiz AMARAL; Marcus MAIA; Andrew NEVINS; Tom ROEPER. (org.). *Recursion Across Domains*. 1 ed.Cambridge, UK: Cambridge University Press, 2018, p. 334-56.

MARANTZ, A. No Escape from Syntax: Don't Try Morphology Analysis in the Privacy of Your Lexicon. In: *University of Pennsylvania Working Papers in Linguistics*, v. 4, n. 2, p. 201-25, 1997.

_____. On the Nature of Grammatical Relations. Cambrige, Mass.: MIT Press, 1984.

MARTINS, M. F. *Descrição e Análise de Aspectos da Gramática do Guarani Mbyá*.Tese de doutoramento. Campinas: IEL, Unicamp, 2003.

MEIRA, Sérgio; FRANCHETTO, Bruna - The Southern Cariban Languages and the Cariban Family. *International Journal of American Linguistics*, v. 71, n. 2. Chicago: Chicago University Press. 2005. pp. 127-90.

OLIVEIRA, C. *O processamento da distributividade em Karajá*. Tese de doutorado em Linguística. Rio de Janeiro: UFRJ, 2016.

PYLKKANEN, L. Introducing Arguments. Tese de doutoramento. Cambridge, Mass.: MIT, 2002.

RIBEIRO, E, R. *Subordinate clauses in Karajá*. Bol. Mus. Para. Emílio Goeldi. Ciências Humanas, Belém, 2006.

Rizzi, L. The Fine Structure of the Left Periphery. In: HAEGMAN, L. (ed), *Elements of Grammar*, Dordretch: Kluwer, p. 281-337, 1997.

_____. Locality and Left Periphery. In: BELLETTI, A. (ed.). *The cartography of syntactic structures. Strucutures and beyond*, v. 3, New York: OUP, 2004.

RODRIGUES, A. D. Línguas brasileiras: para o conhecimento das línguas indígenas. São Paulo: Loyola, 1994.

ROEPER, T. Recursion: what is innate, why it needs a trigger, where it belongs in cross-linguistics work and how it fits into the mind. In: FRANÇA, A. I; MAIA, M. (eds.), *Papers in Psycholinguistics*, Rio de Janeiro: Imprinta, p. 38-60, 2010.

SANTOS, Gélsama Mara Ferreira dos. Morfologia Kuikuro: gerando nomes e verbos. Tese de doutoramento. Departamento de Linguística da UFRJ. 2007.

TERUNUMA, A.; NAKATO, T. Recursive Possessives in child japanese. In: AMARAL, L. et al. (eds.) *Recursion across domains*.Cambrige, Cambridge University Press, p. 187-210, 2018.

THOMAS, G. A Split Analisys of Nasal Harmony in Mbyá. Revista Linguística, v. 10, n. 2, 2014.

VIEIRA, M. M. D. Recursion in Tupi-Guarani languages: the cases of Tupinambá and Guarani. In: AMARAL, L. et al. (Eds.) Recursion across domains.Cambrige: Cambridge University Press, p. 166-184, 2018.

_____. A natureza transitiva das sentenças possessivas em Mbyá Guarani. In: QUEIXALÓS, F. (org.) *Des noms et des verbs en Tupi-Guarani:* état *de la question.* München: LINCOM Europa, v. 16, p. 67-86, 2001.

_____. In: AMARAL, L. et al. (eds.) *Recursion across domains.* Cambrige: Cambridge University Press, p. 166-84, 2018.

BIODATAS

Bruna Franchetto é Doutora em Antropologia pelo Museu Nacional, Universidade Federal do Rio de Janeiro (1986) e professora titular do Departamento de Antropologia da mesma instituição, atuando como docente nos Programas de Pós-Graduação em Antropologia e em Linguística. É bolsista de Produtividade em Pesquisa do Conselho Nacional de Desenvolvimento Científico e Tecnológico (CNPq) e coordenadora científica do Projeto de Documentação de Línguas Indígenas do Museu do Índio (Funai, RJ) e Unesco desde 2009, bem como membro titular da Comissão Técnica do Inventário Nacional da Diversidade Linguística (INDL). Conta com publicações nas áreas de morfologia, sintaxe, documentação, artes verbais e tradução de línguas indígenas, bem como na área de políticas linguísticas, incluindo revitalização de línguas indígenas e o impacto da escolarização e da escrita sobre tradições orais.

Miriam Lemle possui graduação em Letras pela Universidade Federal do Rio de Janeiro (1959), mestrado em Linguística pela University of Pennsylvania, USA (1965) e doutorado em Linguística pela Universidade Federal do Rio de Janeiro (1980). Fez pós-doutorado no MIT, USA (1985) e é Livre Docente pela UFRJ (1987). Atualmente é Professor Titular, Emérita da Universidade Federal do Rio de Janeiro e coordenadora do Laboratório Lifss - Laboratório de Interface Sintaxe-Semântica. Tem experiência na área de Linguística, na linha de Gramática Gerativa. Atua como professora, orientadora e pesquisadora principalmente em temas voltados para a especificação dos mecanismos de interface entre a sintaxe e a semântica.

Marcus Maia é doutor em Linguística pela University of Southern California - USC, (1994). Realizou estágio de pós-doutorado na área de Processamento da Linguagem como pesquisador visitante na City University of New York - Cuny (2003-2004). Foi professor visitante no Departamento de Espanhol e Português e no Language Acquisition Research Center da University of Massachusetts Amherst, no primeiro semestre de 2012 e no Departamento de Linguística da Massey

University, Nova Zelândia, no segundo semestre de 2017. Atualmente é professor titular de Linguística do Departamento de Linguística e do Programa de Pós-graduação em Linguística da Faculdade de Letras da UFRJ. É bolsista de Produtividade em Pesquisa, nível 1C (CNPq) e Cientista do Nosso Estado (Faperj). Membro fundador da Rede Nacional de Ciência para a Educação. Fundou e coordena o Laboratório de Psicolinguística Experimental (Lapex). Coordenou o Grupo de Trabalho de Psicolinguística da Anpoll no biênio 2006-2008. Atua nas áreas de Psicolinguística, Teoria e Análise Linguística e Línguas Indígenas Brasileiras, desenvolvendo pesquisas e orientando projetos sobre processamento sintático e lexical, sintaxe experimental, teoria da gramática, psicolinguística e educação, línguas indígenas.

Marcia Maria Damaso Vieira possui mestrado em Linguística pela University of Southern California (USC), (1981), doutorado-sanduíche pela University of Arizona, em Tucson, (1991), e doutorado em Linguística pela Universidade Estadual de Campinas (Unicamp), (1993). É professora associada 2 da Universidade Federal do Rio de Janeiro, sendo lotada no Setor de Linguística do Museu Nacional/UFRJ. Atua como docente na graduação da Faculdade de Letras, no Programa de Pós-Graduação em Linguística da UFRJ e no Mestrado Profissional em Linguística e Línguas Indígenas (Profllind) do Museu Nacional. Realiza pesquisa e orienta nas áreas de morfologia e sintaxe, tendo como foco dados de línguas indígenas brasileiras (famílias Tupi-Guarani e Arawá) e de aquisição da linguagem (primeira e segunda línguas).

CADASTRE-SE
EM NOSSO SITE,
FIQUE POR DENTRO DAS NOVIDADES
E APROVEITE OS MELHORES DESCONTOS

LIVROS NAS ÁREAS DE:

História | Língua Portuguesa
Educação | Geografia | Comunicação
Relações Internacionais | Ciências Sociais
Formação de professor | Interesse geral

ou
editoracontexto.com.br/newscontexto

Siga a Contexto
nas Redes Sociais:
@editoracontexto